【外国人材検定】

日本知識力検定

公式テキスト

一般社団法人 留学生支援ネットワーク　久保田学　著

一般財団法人 全日本情報学習振興協会

はじめに

日本で働こうと考えている皆さんへ

日本における外国人労働者数は年々増加傾向にあり、2023年には過去最高の204万8,675人となりました。この10年間で約３倍にまで増えています。また、外国人留学生の就職についても、年々増えています。

日本の会社、社会には、皆さんの国とは異なるいろいろなルールがあります。異なる文化をもつ人たちとともに働くためには、ともに働く日本人が皆さんの文化に興味を持ち理解することはもちろん必要ですが、皆さんも日本の文化を理解することが必要になります。

このテキストは、日本で働く外国人に必要となる知識として、生活知識と就労知識の２つの観点に基づき構成されています。生活知識については、日本の歴史や文化などの知識から、日本で初めて生活する際に必要となる、来日後の行政手続きや住居の探し方、銀行口座の開設、生活のルール、医療制度、防災、交通ルールまでのさまざまなルールや仕組みについて説明しています。

また、就労知識については、日本で働くために必要となる在留資格や日本の就職活動の方法、日本企業で働く際に必要となるビジネスマナーなどの知識から税金、年金、労働保険や介護保険などのルールや仕組みについて説明しています。

このテキストは、一般財団法人全日本情報学習振興協会が主催する「日本知識力検定」に対応しています。テキストで学習した成果について、「日本知識力検定」で理解度を確認してください。

このテキストで学習することにより、日本で生活し、働くためのルールを理解し、職場で実践することで、皆さんが日本で活躍されることを心から願っています。

2024年４月

一般社団法人留学生支援ネットワーク
久保田　学

日本知識力検定　試験概要

日本知識力検定とは、日本語学校の留学生や大学生・日本で就労を希望する方々を対象とした日本の知識や習慣を問う検定試験です。試験級はNC1（1級）からNC5（5級）まであります。

級	制限時間	検定料	問題数	合格基準	試験内容
NC1（1級）	120分	6,600円（税込）	生活知識40問 就職知識50問 合計90問	それぞれ80%以上	生活知識全般と、ビジネスマンとして重要なB4カテゴリまでの就職知識や就労のマナー等を身につけることで、職場でリーダーシップを取り、同僚や部下を指導して業務を遂行することができる。
NC2（2級）	120分	6,600円（税込）	生活知識40問 就職知識50問 合計90問	それぞれ70%以上	生活知識全般とビジネスマンとして重要なB4カテゴリまでの就職知識と就労マナーを身につけ、職場で他の同僚の見本となり、同僚を補いながら業務を遂行することができる。
NC3（3級）	90分	5,500円（税込）	生活知識30問 就職知識30問 合計60問	それぞれ60%以上	生活知識全般と、B3カテゴリまでの就職知識や就労マナーを身につけ、他の人に頼らず、協力して就業し、自ら適切に業務を遂行することができる。
NC4（4級）	80分	4,400円（税込）	生活知識30問 就職知識20問 合計50問	それぞれ60%以上	生活知識でS3カテゴリ、就職知識でB2カテゴリ程度の就職知識、就労マナーを身につけ、就業する際に他の人に迷惑をかけず、自らの力で与えられた業務を遂行することができる。
NC5（5級）	60分	4,180円（税込）	生活知識25問 就職知識15問 合計40問	それぞれ60%以上	生活知識でS3カテゴリ、就職知識・就労マナーB2カテゴリ程度の知識を持ち、就業する際に他の人に迷惑をかけず、指導を受けながら業務を遂行することができる。

出題項目			カテゴリ	NC1	NC2	NC3	NC4	NC5
生活知識（S）	日本での生活	1．日本の基本情報	S1					
		2．食生活・食文化・衣服						
		3．日本に住む						
		4．日本で生活する						
	地理・観光と文化	1．地理・観光	S2					
		2．交通機関						
		3．日本の歴史と文化						
	教育・医療・結婚・出産	1．日本の教育制度	S3					
		2．日本の医療機関・制度						
		3．結婚と出産						
		4．子育てと支援システム						
	刑罰と防犯・防災	1．警察署・犯罪と刑罰	S4					
		2．防災						
		3．交通ルール						

出題項目			カテゴリ	NC1	NC2	NC3	NC4	NC5
就職知識（B）	日本で働くための法知識	1．在留資格・在留カード	B1					
		2．日本に居住する際に必要な行政手続き						
		3．日本で就労するためのルール						
		4．日本の法律						
	日本で働くための税と制度	1．税金	B2					
		2．年金						
		3．労働保険						
		4．介護保険						
	就職活動と働くために必要な知識	1．日本の雇用文化	B3					
		2．就職活動						
		3．労務・会社の知識						
	就職活動と働くために必要なビジネスマナー	1．敬語法・慣用句など	B4					
		2．ビジネス文書						
		3．電話のマナー						
		4．応接のマナー						
		5．訪問のマナー						
		6．時事問題						

※試験内容は予告なく変更する場合があります。

CONTENTS
上巻 もくじ

Chapter 2 地理・観光と文化

1 地理・観光

2 交通機関

3 日本の歴史と文化

Chapter 3 教育・医療・結婚・出産

1 日本の教育制度

2 日本の医療機関・制度

3 結婚と出産

4 子育てと支援システム

Chapter 4 刑罰(けいばつ)と防犯(ぼうはん)・防災(ぼうさい)

下巻もくじ

Chapter 1

日本(にほん)での生活(せいかつ)

1 日本の基本情報

1 気候

日本の気候は、ほとんどの地域は温帯に属し、温帯のうちの温暖湿潤気候に属します。しかし、日本は南北に長いので、南の沖縄県と、北の北海道とでは、気候が大きく異なります。北海道や東北地方は亜寒帯（冷帯）に属します。また、南西諸島の気候は、亜熱帯に属します。

（1）地域ごとの気候

日本の気候は６つ（北海道、日本海側、太平洋側、中央高地（内陸）、瀬戸内、南西諸島）の特徴的な気候に分けられます。それぞれの地域で降水（雪）量、季節の平均気温が変わります。

①北海道の気候

夏は涼しく比較的過ごしやすいです。しかし、秋から春にかけて気温は氷点下まで下がり雪が積もるので、寒さが厳しいのが特徴です。

②日本海側の気候

夏には晴れる日が多く気温も高い一方、冬になると北西からの季節風の影響で雪や雨が多くなり、山沿いの地域は豪雪地帯となります。

③太平洋側の気候

夏は南東からの季節風の影響による降水量が多く、蒸し暑い天気が続きます。冬は北西からの季節風によって冷たく乾いた風が吹き、乾燥した晴天が続きます。また、台風の影響を受けやすいのも特徴のひとつです。

④中央高地（内陸）の気候

年間を通して降水量は少ないですが、夏は暑く冬は氷点下になることや、昼夜の

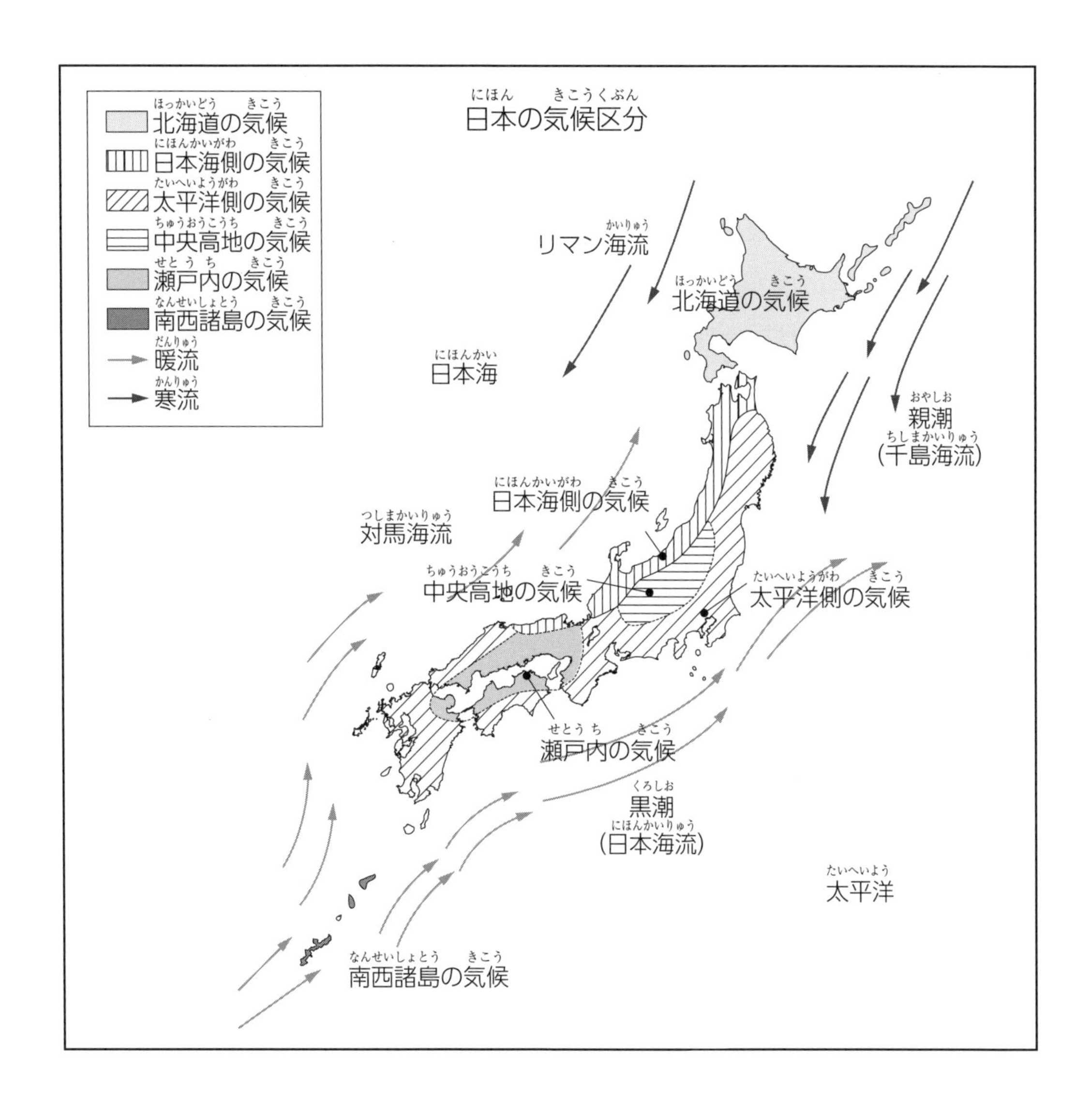

寒暖差が大きくなることが珍しくありません。この気候は長野県や山梨県、岐阜県北部などに見られます。

⑤瀬戸内の気候

夏は四国山地が、冬は中国山地が季節風をさえぎるため、年間を通して晴れることが多く、降水量は少ない温暖な気候です。

⑥南西諸島の気候

年間を通して気温が高く夏、冬でも温暖なので雪は降りません。

(2) 季節風

日本列島の中央には、山脈があるため、季節風（モンスーン）の影響により、夏は南東からの風が吹き、太平洋側で雨が多くなります。冬は北西からの風が吹き、日本海側では雪または雨の日が多い一方、太平洋側では晴れの日が多くなります。

このように、日本は季節風の影響により、日本海側と太平洋側とでは、天候に大きな違いが見られます。

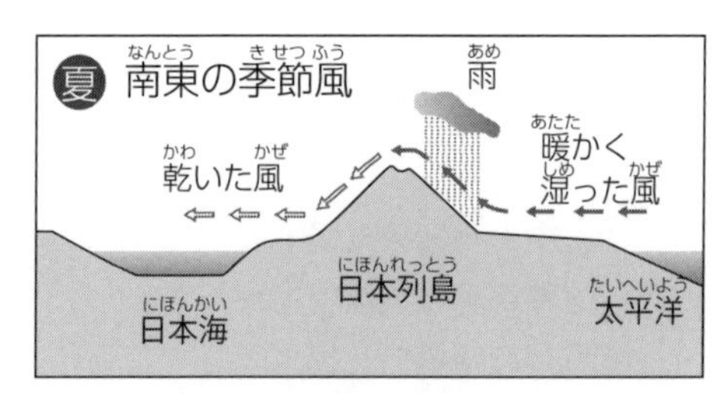

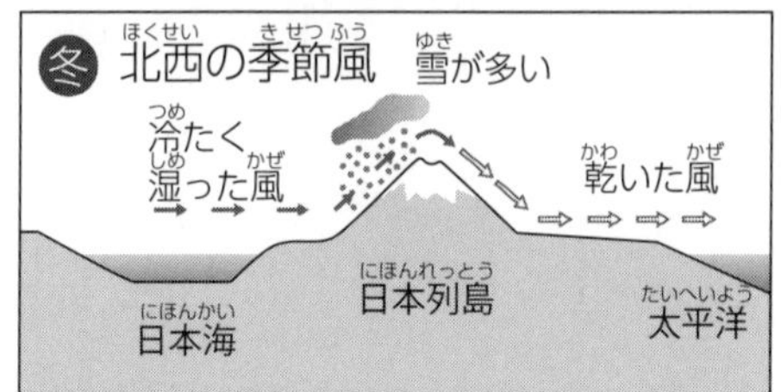

(3) 四季

日本が他の国と比べて四季がはっきりしているのは、周りを海で囲まれているので、海流の影響を受けることと、季節風などが吹くためです。

日本の国土は大部分が中緯度に位置し、小笠原気団（夏）、シベリア気団（冬）、オホーツク海気団（梅雨）、揚子江気団（春、秋）という複数の気団の影響を受けています。

①日本の春と秋の特徴

日本の春と秋には、中国南部から揚子江気団がやって来ます。この気団は、暖かく乾燥している空気です。

梅雨の時期には、オホーツク海気団が北東の方面から南下し、冷帯の冷たく湿った空気を日本に運んできます。

②日本の夏の特徴

日本の夏の特徴は、高温で蒸し暑いことです。これは、南東方面からの暖かく湿った風がもたらす現象です。それを日本に持ち込むのは、小笠原気団です。オホーツク気団と小笠原気団との間につくられた梅雨前線が日本列島の南部に停滞することが原因です。

③日本の冬の特徴

日本の冬の特徴は、季節風が日本海の水分を含んでいることから、日本海側では雪が多く降ります。いっぽう太平洋側は、季節風が山地を越えるときに水分を失う影響により乾燥します。そのため太平洋側では、日本海側と比べると雪はあまり降りません。

2 宗教

日本には、神道、仏教、キリスト教をはじめとして、多種多様の宗教文化が混在しています。

神道では、古くから各地に神社が建られています。また、仏教は、6世紀頃に日本に伝わったとされ、さまざまな宗派が成立し、寺院が全国各地に建てられました。中国からはこのほか儒教や道教も古代から伝えられており、諸宗教の中に根づいているものもあります。

（1）日本の宗教統計

宗教統計調査

	宗教法人数	信者
神道系	84,316法人	87,236,585人
仏教系	76,774法人	83,242,856人
キリスト教系	4,765法人	1,967,584人
諸教	13,703法人	7,113,088人
合計	179,558法人	179,560,113人

文化庁「宗教年鑑 令和4年版」より作成

文化庁の「宗教統計調査」では、2021年12月31日時点の神道系宗教団体の信者数は約8,723万人、仏教系団体の信者数は約8,324万人で合計約1億7,156万人でした。これにキリスト教系やそれ以外の宗教の信者数を加えると約1億7,956万人となり、日本の人口約1億2,550万人を3割以上上回りました。

人口よりも信者数が多くなることにはいくつかの理由があります。一つは、信教の自由・政教分離の原則を尊重し、宗教団体に対する行政の関与を最小限にする考えがあるためです。文化庁の統計は宗教団体の自発的協力による集計であり、「信者」の定義については、各宗教団体に任せた人数となっています。また、神道にも仏教にも明確な入信の儀式はないため、信者としての自覚がないまま、生活様式や季節の行事として人々の生活の中に宗教行事が根づいていることから、二重にカウントされている人が少なくないことが、人口よりも信者数が多くなる原因だと考えられています。

（2）日本の主な宗教

①神道

神道とは、日本民族に固有の神・神霊についての信念に基づいて発生し、展開してきた宗教の総称です。また神道は、神・神霊についての信念や伝統的な宗教的実践に限らず、広く生活の中に伝承されている態度や考え方を含むこともあります。

②仏教

日本の仏教は、インドから中国、朝鮮半島を経て伝えられました。仏教の公伝は、538年（一説に552年）といわれていますが、それ以前にも、民間では、渡来人などにより伝えられていました。

（3）神社と寺院

全国には神社が、８万社以上あります。2021年の日本のコンビニエンスストア数が約5.5万店舗なのでコンビニエンスストアより多いことになります。有名な神社には伊勢神宮、出雲大社などがあります。日本で一番神社が多い県は新潟県です。

一方で、全国にある寺院は7.6万寺以上になります。有名な寺院には、最古の木造建築とされる法隆寺や清水寺などがあります。日本で一番寺院が多い県は愛知県です。

日本の神社と寺院数

	総数	代表例
神社	80,847社	伊勢神宮、出雲大社、伏見稲荷大社、熊野本宮大社、厳島神社
寺院	76,699寺	法隆寺、浅草寺、東大寺、中尊寺、清水寺

文化庁「宗教年鑑 令和４年版」より作成

（4）無宗教

無宗教は、特定の宗教に信仰を持たない考え方のことを指します。また、宗教そのものに関心がなく、信仰しているものがない状態を指す場合もあります。

憲法により信教（宗教を信じること）の自由がある日本では、国家的あるいは地域的に特定の宗教を強要するような風潮はありません。また、世の中にはさまざまな宗教があり、どれを信じるのかは自由だという考え方が強く、どの宗教を選ぶのかは個人の自由であるという考え方が根づいています。

日本人の宗教に対する自由度の高さは、年間行事を見るだけでもよくわかります。例えば、お正月の初詣は神道の神がいる神社へお参りに行き、クリスマスの時季にはクリスマスパーティーを行い、年末の大晦日にはお寺で除夜の鐘をつきます。どれも別の宗教の行事ではありますが、日本人の中でこれはどの宗教の行事だなどとこだわる人は、宗教が統一されている国に比べて少ないという特色があります。

3 政治

日本は、国民の意思をもとにして政治を行う「民主主義」の国とされています。民主主義国家では、国民の政治的な自由、表現の自由、言論の自由が認められ、国民が自分たちの代表を選挙で選び、その選ばれた代表者に政治を任せます。

（1）三権分立

日本の政治は、立法権をもつ国会、行政権をもつ内閣、司法権をもつ裁判所がお互いにチェックしあう「三権分立」という体制をとっています。三権分立は、「国の権力が１つの機関に集中することで、国民の自由を脅かすこと」を防ぐための政治システムです。

この三権分立によって、国会、内閣、裁判所はそれぞれ異なる権限を所持していますが、それぞれが独立しているわけではありません。お互いに関係・抑制し、均衡を保つことでバランスのとれた政治が行われます。

①国会（立法権）

国会は国権の最高機関であって、国の唯一の立法（法律を作ることができる）

機関です。東京・永田町にある国会議事堂において、国会議員が国民のための法律を定めています。

■国会が内閣（行政権）に対して行使できる権限

国会は内閣に対して「内閣の不信任決議」を行う権利をもっています。この権利は、行政の方針に納得がいかない場合に、内閣に対して不信任案を提出して決議を行う権利です。また、国会は「内閣総理大臣を指名」する権利をもっています。

■国会が裁判所（司法権）に対して行使できる権限

国会は裁判所に対して「弾劾裁判所の設置」を行う権利をもっています。この権利によって、裁判官が罪や不正を行った際に、その裁判官をやめさせるための弾劾裁判所が設置されます。

②内閣（行政権）

内閣がもつ行政権は、法律を執行することで日本国を運営していきます。内閣総理大臣をトップとして、各省庁の大臣、公務員が国の運営に必要な法律を執行します。

■内閣が国会に対して行使できる権限

内閣は国会に対して「衆議院の解散」の権利をもっています。この権利は、内閣の不信任に対して、衆議院議員の選挙を行い国民に信を問う権利です。

■内閣が裁判所に対して行使できる権限

内閣は裁判所に対して「裁判官の指名と任命」の権利をもっています。この権利によって、内閣は最高裁判所長官を指名します。その後に天皇が任命することで、最高裁判所長官が決定します。

③裁判所（司法権）

民事裁判や刑事裁判など、法律に基づいた司法を行うことができます。すべての司法権は最高裁判所や法律に定められた下級裁判所に属しています。

■裁判所が国会に対して行使できる権限

裁判所が国会に対して行使できる権限として、国会が定めた法律が憲法に違反していないか審査する「違憲審査」の権限があります。

■裁判所が内閣に対して行使できる権限

裁判所が内閣に対して行使できる権限として、内閣が実施する政策が憲法に違反していないか審査する「違憲審査」の権限があります。

（2）立憲主義

立憲主義とは、憲法によって国家権力を制限し、法律に基づいた政治を行おうとする考えのことです。国家権力の無制限な行使を防ぐため、法律によって権力を制限することを「法の支配」と呼びます。立憲主義はこの「法の支配」のひとつの形態で法律によって権力の行使に関する規定を定める手法です。

（3）参政権

参政権とは、国民が直接的・間接的に政治に参加する権利です。国会議員や地方議員などを選挙したり議員に立候補する権利、国民投票に参加する権利、公務員になる権利の３つが挙げられます。特に日本は間接民主主義を採用しているため、間接的に国民の代表を選ぶ選挙に参加することにより、国民にとってより住みやすい国づくりが行われます。

ちなみに、この参政権については、現在は日本国籍を取得した外国人のみが対象となり、在留資格をもつ外国人には適用されていません。

4 祝祭日

国民の祝日は、日本の法律「国民の祝日に関する法律」で定められた祝日です。祝日には「国民の祝日」、「振替休日」、「国民の休日」の３つがあります。

（1）国民の祝日

2024年４月現在、年間で16日の国民の祝日があります。多くの月で１日～２日の国民の祝日がありますが、６月と12月は、国民の祝日がありません。

月	祝日
１月	元日：１月１日、成人の日：１月の第２月曜日
２月	建国記念の日：２月11日、天皇誕生日：２月23日

月	祝日
3月	春分の日：春分日（昼と夜がほぼ同じになる日）
4月	昭和の日：4月29日
5月	憲法記念日：5月3日、みどりの日：5月4日、こどもの日：5月5日
6月	
7月	海の日：7月の第3月曜日
8月	山の日：8月11日
9月	敬老の日：9月の第3月曜日、秋分の日：秋分日（昼と夜がほぼ同じになる日）
10月	スポーツの日：10月の第2月曜日
11月	文化の日：11月3日、勤労感謝の日：11月23日
12月	

（2）振替休日

振替休日は、日曜日が国民の祝日にあたる場合、その日のすぐあとの平日を休日とする制度です。

（3）国民の休日

国民の休日は、前日と翌日が休日で挟まれている平日を休日とする制度です。

5 通貨

日本の通貨は「円(JPY)」であり、基本的には日本での支払いは「円」で行われます。

現在流通している硬貨は6種類（1円、5円、10円、50円、100円、500円）あります。5円硬貨と50円硬貨は中心に穴が開いている世界でも珍しい硬貨です。

通貨	発行年	図柄	2021年～新図柄
500円	2000年～		
100円	1967年～		
50円	1967年～		
10円	1959年～		
5円	1959年～		
1円	1955年～		

紙幣については4種類（1,000円、2,000円、5,000円、10,000円）あります。2,000円紙幣は、2000年の沖縄サミット開催、ミレニアムに合わせて発行されましたが、2003年に製造を中止しており現在は流通量が少ないです。

2024年7月には、紙幣3種類（10,000円、5,000円、1,000円）のデザインが偽造防止などの観点からリニューアルされました。

通貨	発行年	図柄	2024年～新図柄
10,000円	2004年～		
5,000円	2004年～		
2,000円	2000年～		
1,000円	2004年～		

2 食生活・食文化・衣服

1 日本の食文化

（1）和食

和食は、2013年にユネスコの無形文化遺産に登録され、海外からも注目されるようになりました。春夏秋冬の四季がはっきりとしており、豊かな自然の恵みを受けてきた日本人の食生活は、自然や四季と調和した独自性のある食文化を築いてきました。近年では、海外の食材や料理を上手に取り入れて、独自に発展させてひとつの文化として育んでいます。

①和食の特徴

■多様で新鮮な食材とその持ち味の尊重

日本の国土は南北に長く、海、山、里とさまざまな自然が広がっているため、各地で地域に根ざした多様な食材が用いられています。また、素材の味わいを活かす調理技術・調理道具が発達しています。

各地域にある食材として魚を例にすると、同じ魚でも生でお刺身にしたり、焼いて焼魚にしたり、煮て煮魚にしたりして、その魚の持ち味を生かした多様な調理の仕方、保存方法などの選択肢があります。

■健康的な食生活を支える栄養バランス

一汁三菜を基本とする日本の食事スタイルは理想的な栄養バランスがとれているといわれています。また、「うま味」を上手に使うことによって動物性油脂の少ない食生活を実現しており、日本人の長寿や肥満防止に役立っています。

「一汁三菜」とは、ご飯（白米）に汁物、煮物、焼き物などのおかず３品を加えたものです。これらのおかず３品を調理する際に、醤油や味噌、だしなどの調味料を使って食材のうま味を引き出すことで、低カロリーのおかずを作ることができます。そのため、和食を中心とした日本の伝統的な食文化は栄養のバランスが非常によくとれており、健康的な食生活を送る工夫がされています。

■自然の美しさや季節の移ろいの表現

食事の場で、自然の美しさや四季の移ろいを表現することも特徴のひとつです。季節の花や葉などで料理を飾りつけたり、季節にあった調度品や器を利用したりして、季節感を楽しみます。

例えば、旬の食材を使用した料理を季節にあった器に季節感のある添え物を使って美しく盛りつけ、食事をする部屋に季節の生花や掛け軸などを飾り、味覚だけでなく視覚で季節を同時に味わいながら楽しみます。

■正月などの年中行事との密接な関わり

日本の食文化は、年中行事と密接に関わって育まれてきました。自然の恵みである「食」を分けあい、食の時間を共にすることで、家族や地域の絆を深めてきました。

和食は、お正月、節分、節句、お彼岸、大晦日などの年中行事と密接な関係があります。お正月にはお餅やおせち料理、節分には恵方巻、桃の節句にはちらし寿司、お彼岸には牡丹餅やおはぎ、大晦日には年越しそばなどが食べられます。年中行事に親せきや地域の人達が集まってくるとこれらの和食が用意され、自然の恵みに感謝をして「食」を分けあいながらお互いの絆を深めていきます。

②伝統的な和食

■寿司

寿司には、酢飯の上に具材をのせて握ったにぎり寿司の他に、ちらし寿司や押し寿司、巻き寿司などいろいろな種類があります。にぎり寿司として食べるようになったのは、19世紀初め頃のことで、江戸（現在の東京）中で屋台が大流行し、その屋台から「にぎり寿司」が登場しました。このにぎり寿司は、東京湾すなわち江戸の前でとれる魚介・海苔を使うことから「江戸前寿司」と呼ばれるようになりました。

■天ぷら

日本食の代表である天ぷらは、魚介類や野菜などの食材を、水と小麦粉、卵などをあわせた衣をつけて、油で揚げる料理です。天ぷらは、16世紀頃に、ポルトガルから長崎に伝わったといわれています。天ぷらは単純な調理方法にみえますが、中身をジューシーに衣をカリッと揚げるためには、高度な技術を要します。

■蕎麦

蕎麦の実をすりつぶして粉状にしたものを練り、麺にした食べ物です。ざる蕎麦やかけ蕎麦のような麺の形状、いわゆる「蕎麦切り」となった歴史は意外に浅く、16世紀後半です。冷たい蕎麦を昆布や鰹節でダシをとった「蕎麦つゆ」につけて食べたり、温かい汁に入れたものを食べたりします。なお、蕎麦をゆでたゆで湯を蕎麦つゆに入れて「蕎麦湯」として飲むこともあります。

■すき焼き

すき焼きは関西で誕生した料理で、薄切りにした牛肉または他の食肉や野菜などの食材を浅い鉄鍋で焼いたり煮たりして調理する料理です。調味料は醤油、砂糖、酒などを使用します。関東では、それら調味料をあらかじめあわせた「割下」が使用されます。溶いた生卵をからめて食べることが多くみられます。

③多様化する和食

日本の和食の文化は、海外からの影響によっても、絶えず変化してきました。近代以降には、とんかつ、カレーライス、ラーメンなど西洋料理や中国料理を和食と組み合わせた食事、肉と野菜の煮物や和え物、丼物などさまざまな料理に工夫されるようになりました。

■丼物

古くから、日本の上流階級の食事は、主食であるご飯とおかずが別々に配膳される様式を基本としていました。一方で、器に入れたご飯の上に魚や肉、野菜などの具をのせる現代の「丼」が生まれたのは、200年ほど前で比較的新しい食文化です。熱いご飯を丼に盛り、その上にうなぎを乗せることにより冷めず、ご飯はタレが染み込んでおいしくなるという発想で生まれた「うな丼」や、単に具を乗せるだけでなく割り下で煮た鶏肉や玉ねぎを卵でとじてご飯に乗せる「かつ丼」や「親子丼」、牛鍋をご飯の上に乗せた「牛丼」、お刺身を乗せた「海鮮丼」やまぐろのお刺身を醤油に付け込んだものを乗せる「鉄火丼」、てんぷらを乗せて甘いたれをかける「天丼」などがあります。

■ラーメン

ラーメンとは、基本的には麺とスープと具材が入ったもので、中国の麺料理が日本で発展したため、中華そばとも呼ばれています。もともとは中華料理店の一メニューに過ぎなかった麺料理が、戦後の屋台やラーメンに特化した専門店の登場によって進化していきました。スープによる種類では、醤油、味噌、とんこつ、塩の4つに分けられます。また、麺とスープが別になるつけ麺や少量のスープを絡めて食べる油そばなどの種類もあります。

■カレーライス

カレーライスはラーメンと並んで今や日本の国民食といわれる存在になっています。

カレーは18世紀、インドからイギリスに伝わりました。その後、イギリス風（欧風）にアレンジしたものが日本に伝わり、さらに日本風にアレンジされたものが、今日の日本のカレーのルーツとされています。日本のカレーライスは、小麦粉を使ってとろみを出していることが特徴です。1950年には固形のカレールウが発売され、家庭で手軽に調理できるようになり身近な料理となりました。

■とんかつ

「とんかつ」の「かつ」の語源は、フランス料理の「コートレット（cotelette）」といわれています。肉の切り身にパン粉をつけてバター焼きにしたものでしたが、東京の老舗洋食店が、日本料理の天ぷらをヒントにして深い鍋に注いだ大量の油で、豚肉に小麦粉、溶き卵、生パン粉をつけて揚げる方法を考案して広まった料理です。

■お好み焼き

水に溶いた小麦粉を生地として、野菜、肉、魚介類など好みの材料を使用し、鉄板の上で焼き、ソース・マヨネーズ・青のりなどの調味料をつける鉄板焼きの一種です。キャベツ、豚肉などの具材と小麦粉の生地を混ぜてから鉄板で焼いてソースで食べるのが関西風のお好み焼きです。また、鉄板に小麦粉で作った生地を円形にのばし、その上にキャベツ・豚肉・蕎麦などを重ねて焼く広島風のお好み焼きもあります。

（2）食材

①調味料

■だし

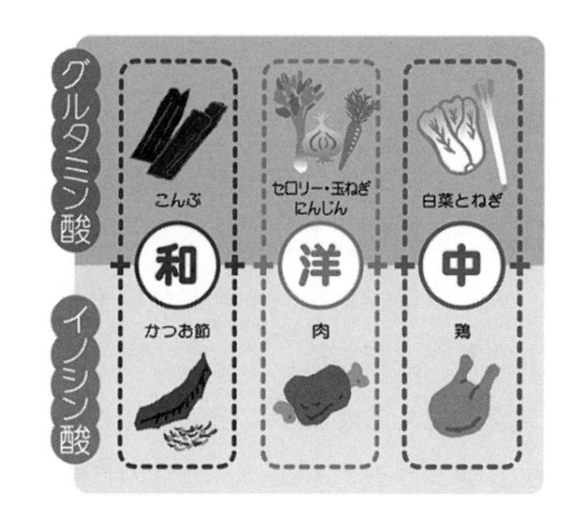

代表的な「うま味」の物質として「グルタミン酸」「イノシン酸」「グアニル酸」などが知られています。これらのうま味物質はさまざまな食品に含まれています。

料理の基本となる「だし」は、グルタミン酸とイノシン酸を組み合わせることによりうま味が強くなります。和食では、かつおぶし、昆布、きのこ類、煮干しなどが「だし」として使われます。

■醤油

日本独自の発酵調味料で、大豆や小麦、米などから作った麹に、食塩水を加えた「もろみ」を発酵熟成させて絞ったものが「しょうゆ」です。300種類もの香り成分が含まれています。

■味噌

日本独自の発酵調味料で、大豆や米、麦などを蒸したものに食塩と麹をまぜて発酵させた調味料です。原料別では、米味噌、麦味噌、豆味噌の３つがあり、色で分けると、白味噌、赤味噌などがあります。

■酢

一般的には、原料になる米や麦などの穀物またはりんごやぶどうなどの果実から醸造酒を製造し、そこへ酢酸菌（アセトバクター）を加えることで、酢酸発酵させたものです。

■みりん

蒸したもち米と米こうじを主原料に40日～60日かけて熟成させて造られる発酵調味料です。砂糖と比べて甘みが柔らかく、食材の臭みを取る働きもあります。また、魚の照り焼きなどの艶出しにも使われます。

②季節の食材

日本には春、夏、秋、冬とはっきりとした四季があり、和食にはその季節ごとにしか味わえないさまざまな食材が取り入れられてきました。そのような食材を「旬」の食材といいます。

日本で流通する野菜は、近代になって外国から輸入されたものや、品種改良で食べやすくなったものなど、多様ではありますが、昔から日本で作り続けられている伝統野菜も少なくありません。山菜やきのこなど森林に自生するものも、調理に工夫することでうまく食材として取り入れてきました。また、日本は黒潮と親潮がぶつかることで豊かな漁場となる海に囲まれていることから、魚類が多く、季節ごとに豊かな魚食の文化が育まれてきました。

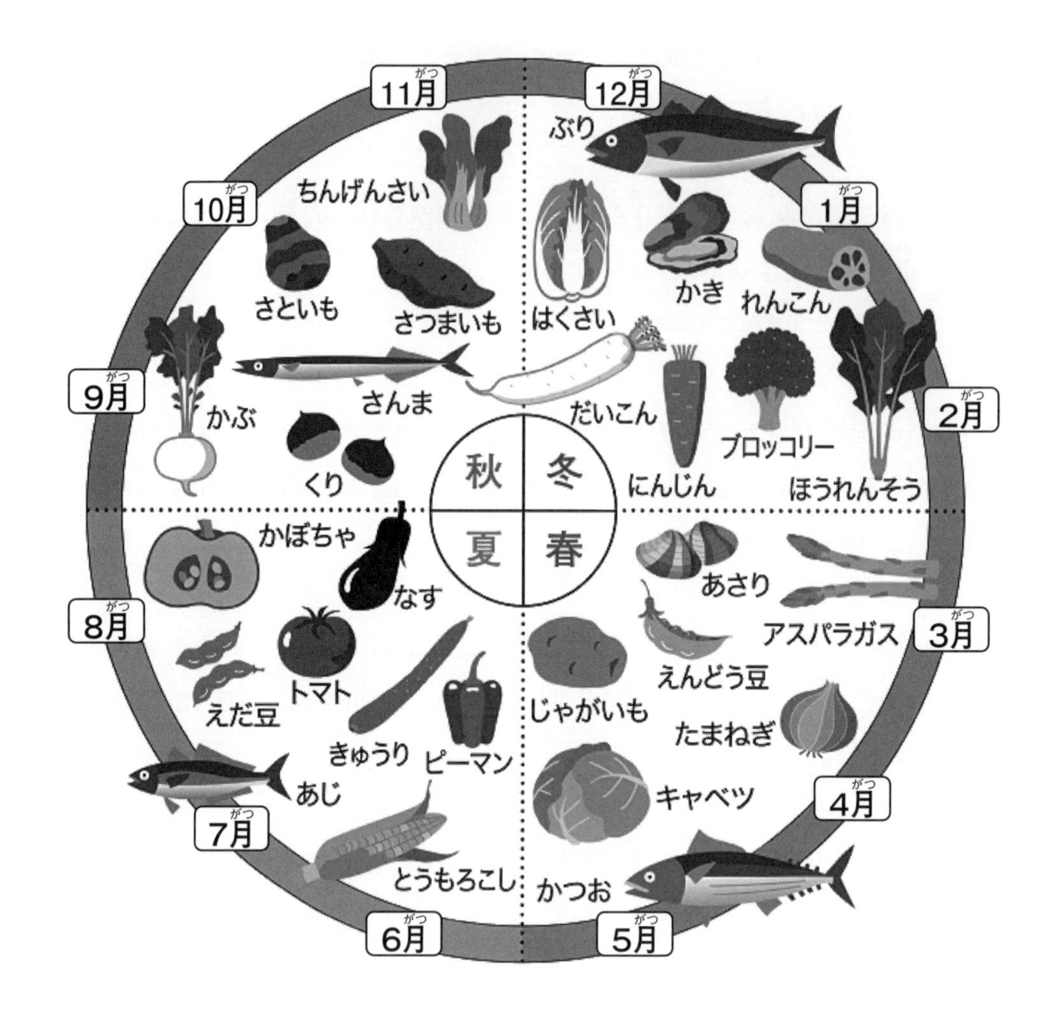

③調理技法

和食に大切なのは、五法・五味・五色・五適・五覚とされています。季節や食材、調理法、見た目の美しさやお客様の人数、好み、もてなしの心と感謝の気持ちなどすべてがバランスよく折り重なり、美しさを演出します。

五法	五法とは、生（切る）、煮る、焼く、蒸す、揚げるといった５つの調理法のことです。生（切る）は刺身、煮るは煮物、焼くは焼き物、蒸すは蒸し物、揚げるは揚げ物を意味し、基本的な会席料理にはこれら５つの料理が必ず出てきます。

五味		五味とは、甘味、酸味、塩味、旨味、苦味という5つの味です。和食で使われる調味料の基本となるのは、「さ・し・す・せ・そ」、つまり砂糖・塩・酢・醤油・味噌の5種類です（昔は「しょうゆ」を「せうゆ」と書きました。）。
五色		五色とは、白、黒、黄、赤、青（緑）の5色を意味し、白は清潔感、黒は引き締め、黄と赤は食欲増進、青（緑）は安心感を表す色です。これらの色を彩りよく合わせることで、おいしそうに、そして季節感を感じることができるように、工夫されています。黒塗りのお盆や朱塗りのお椀、料理に添えられる葉や花なども含めて色彩を考えます。
五適	適温	温かいものは温かく、冷たいものは冷たい状態で召し上がっていただくことです。
	適材	お客様の年齢や性別に合った素材を使うことです。
	適量	多すぎず、少なすぎず、適当な量であることです。
	適技	技巧に凝りすぎず、適度に手を加えることです。
	適心	和食器やテーブル、お部屋の雰囲気など「もてなしの心」を持つことです。
五覚		五覚とは、五感のことで、視覚・聴覚・嗅覚・触覚・味覚のすべてを活用しておいしい料理を味わうという意味です。味やにおいだけでなく、見た目、歯ごたえや喉ごしといった食感など、すべての感覚を料理に具現化します。

（3）食事のマナー

食事中のマナーには、その国に根づいた考え方や文化がよく表れています。海外ではマナー違反になるものが、日本ではマナー違反とならないこともあります。日本の食事の際の基本マナーを理解して、身につけるようにしましょう。

①食事前後のあいさつ

日本では、食前と食後に両手をあわせ、料理に向かって挨拶をします。食前に言う言葉は「いただきます」、食後に言う言葉は「ごちそうさま」です。２つとも料理を作る人と食材を作る人への感謝と、肉や魚、野菜などの生きていた食材に対する命を頂くことへの感謝を表しています。

②食べ方

日本では、蕎麦やうどんなどの麺類は、音をたてて食べてもよいとされています。また、料理は食べきれる分だけを頼みましょう。日本では、残さず食べることが、料理を作ってくれた人、食材に対して感謝を示す行為と考えられています。

ⅰ）箸と器の持ち方の順番

まず器を持ってから箸を取ります。片手に箸を持ったまま、空いたほうの手で器を持ちあげるのはマナー違反です。続けて違う料理を食べるときも、いったん箸を置いた後に違う料理の器を持ち、また箸を手に取って食べます。

ⅱ）袖越し

日本では、食卓の右に置いてある器は右手で、左に置いてある器は左手で取ったり手元に寄せたりするのがマナーです。置いてある側と逆の手を使う行為は「袖越し」と呼ばれ、マナー違反になります。袖が料理に触れてしまう原因にもなるので注意してください。

ⅲ）手皿

正しいマナーだと勘違いされがちなのが「手皿」です。日本では、料理を食べる際、汁などが落ちないように、箸を持っていない手を皿のように添えながら食べることをしてはいけません。

ⅳ）汁物

左手をお椀に添えて、右手の親指と人差し指で蓋の糸底（蓋の持つ部分）をつまみ、手前から奥のほうへ回すようにあけます。蓋をあけたらしばらくお椀の上で蓋を傾け、水滴をお椀に落としたあと裏返してお椀の右側に置いておきます。お汁は、お椀の中の具を箸先で押さえながら飲みます。食べ終わったら蓋を元通りに戻します。

v）お刺身

お刺身は、わさびを少量ずつ乗せ、わさびを挟むようにお刺身を二つ折りにして、小皿の醤油をつけて食べるのが正しいマナーです。

添えてあるツマ（大根を細切りにしたもの）は、口の中をさっぱりさせるため、一緒に食べてもマナー違反になりません。

vi）焼き魚・煮魚

焼き魚と煮魚は、尾頭つきの場合、半身を食べ終えたら中骨を箸でつまんで骨を外し、皿の奥に移して置き、反対側を食べます。箸だけで外しにくい場合は、懐紙を使ったり、左手を使ってもマナー違反になりません。

半身を食べた後、裏返して反対側を食べるのは、マナー違反なので注意してください。食べ終えたら残った骨や皮をお皿の端にひとまとめにして置きます。

vii）煮物

煮物は、一口サイズの物はそのまま食べますが、少し大きめの物は箸で一口サイズに切ってから食べます。かじったものを器に戻すのはマナー違反です。

viii）天ぷら

天ぷらは箸で一口サイズに切るのが難しい物が多くあります。その場合は、一口ずつ天つゆにつけながら、複数回に分けて食べきります。かじったものを器に戻すのはマナー違反です。

③器に関するマナー

日本では、手に持って食べてよい器と、手に持って食べてはいけない器があるので注意しましょう。

【手に持って食べてよい器】	【手に持って食べてはいけない器】
・茶碗・椀・小皿・小鉢	・刺身や焼き魚の器
・醤油皿	・天ぷらなどの揚げ物の器
・付け汁などの器	・大鉢の皿
・お重や丼	

その他注意すべき器に関するマナーは次のとおりです。

ⅰ）器の蓋

器の蓋は最初にすべて取り、器の横に裏返して置きます。

食べ終わったら、もと通りに蓋をします。

ⅱ）器を重ねる

空いた器を重ねるのはいけません。

器を傷つけてしまうこともあるので、もとの位置に戻すだけにします。

④箸に関するマナー

会食やパーティーなど、複数人で大皿や鍋から取りわけるような食事形式の場合は、取り箸でいったん料理を取り皿に取り、取り箸を大皿に戻してから、料理をいただくのがマナーです。取り箸を使わずに自分の箸で料理を取りわけたり、取り皿に取ったりするのはマナー違反です。

また、料理を取りわけたり、取り皿に取ったりするときに、箸を上下逆さにして箸頭を使うことは、返し箸（逆さ箸）といって、これは気遣いが感じられるので、厳密なマナー違反にはなりませんが、人によっては不快に思われることがあります。

他にも次のようなマナー違反があるので注意が必要です。

マナー違反	行為
洗い箸	箸を汁物などで洗うようにする行為。
受け箸	箸を持ったまま、おかわりをする行為。
移り箸 渡り箸	一度箸をつけた料理を食べずに、そのまま別の料理に箸をつける行為。
拝み箸	箸を両手で挟んで拝むようにする行為。
掻き箸	茶碗や器の縁に口を当てて、料理を箸で掻き込むように食べる行為。 また、箸で頭を掻く行為。

マナー違反	行為
噛み箸	箸先を噛む行為。
空箸	料理を箸で取った後に、食べずに戻す行為。
咥え箸	箸を口に咥える行為。または箸を口に咥えたまま、手でお茶碗やお椀、器などを持つ行為。
こじ箸	器に盛ってある料理を箸で掻き回し、自分の好きな物を探り出す行為。
込み箸	料理を頬張り、箸で口の奥へ押し込む行為。
探り箸	お椀の底に具が残っていないかと、探るように箸でお椀の中を掻き回す行為。
刺し箸	料理に箸を串のように突き刺して取ったり、食べる行為。
指し箸	食事中に、箸で人のことを指す行為。
すかし箸	骨付きの魚の表側を食べた後に、骨越しに裏側の身をつついて食べる行為。
せせり箸	箸を爪楊枝代わりにして箸先で歯の間を掃除する行為。
膳ごし	お膳の向かいにある料理の器を、手で取らないで箸で取る行為。
揃え箸	食卓やお膳の上にある皿などの器を、箸先で揃える行為。
叩き箸	お茶碗やお椀、器などを、箸で叩く行為。
立て箸 仏箸	箸をご飯に突き刺して立てる行為。
ちぎり箸	両手に一本ずつ箸を持って、契るように料理を切り分ける行為。
握り箸	二本の箸を握るように持ちながら食べる行為。
舐り箸	箸に付いた物を、口で舐める行為。

マナー違反	行為
拾い箸 箸渡し	料理を箸と箸で受け渡す行為。
撥ね箸	嫌いな物を箸でのける行為。
二人箸	二人一緒に同じ料理を挟む行為。
振り箸	箸先に付いた汁などを、振り落とす行為。
振り上げ箸	食事中に箸を振り上げながら話をする行為。
迷い箸	どの料理を食べようかと迷い、料理の上で箸をあちこちと動かす行為。
横箸	箸を二本揃えて持ち、スプーンのように掬って食べる行為。
寄せ箸	器を箸で自分の手元に引き寄せる行為。
渡し箸	お茶碗やお椀、器などの上に、箸を置く行為。

2 日本の服飾文化

(1) 和服

和服とは、文字通り「和」の「服」、すなわち日本の衣服という意味です。この言葉は明治時代に、西洋の衣服すなわち「洋服」に対して「従来の日本の衣服」を表す語として生まれ、「着物」ともいいます。この「着物」という呼び方は、洋服が日本に普及する以前の「着る物」という「衣服」を意味する言葉からきています。

また現在では、日常生活で和服を着る人は少なくなり、結婚式や成人式、卒業式といった限られた日に、礼装として着用されることが多くなりました。

和服の女性

(2) 女性の着物

女性の着物の種類は、着物を着る場面により使い分けられます。最も格式が高いものは、打掛、留袖、振袖であり、結婚式などの公式な儀式の際に着用します。

訪問着、付け下げ、色無地は入学式や結婚式の披露宴などで着用します。浴衣は最もカジュアルな着物です。

女性の着物の種類

名前	説明
打掛	結婚式の花嫁衣装です。
留袖	既婚女性が着用する和服の中で、最も格式が高いのが「留袖」です。胸のあたりには柄がなく、下半身のみに柄があります。
振袖	未婚女性が着用する和服の中で、最も格式が高いのが「振袖」です。通常の着物と比較して、袖が長いのが特徴です。
訪問着	訪問着は留袖に次いで格式が高い和服であり、着物全体がキャンパスのように描かれている絵羽模様が特徴です。
付け下げ	訪問着を控えめにした着物で、柄がこじんまりと小さく描かれているのが特徴です。
色無地	黒以外の一色の無地染めの地紋（生地に織り出された柄）、色や家紋だけで構成されるシンプルな着物です。
浴衣	最もカジュアルで、夏のくつろいだ装いの着物です。花火大会、夏祭り、家庭でくつろぐときなどに着用します。

（3）男性の着物

和服の男女（結婚式）

男性の着物は、紋がついているかどうかで格が大きく異なり、紋がついているものが礼装、紋がついていないものが普段着になります。さらに、「着物」、「羽織」「帯」、「袴」と紋の数との組み合わせ、生地の種類、色によって、冠婚葬祭などの着用できる場所や格が変わっていきます。

男性の着物の種類

名前	説明
黒紋付	年齢に関係のない、男性の正装です。「紋付羽織袴」の中でも最も格式が高く、冠婚葬祭や叙勲、授賞式やパーティーなどで着用するのが、「黒羽二重五つ紋付」です。
色紋付	準礼装の場合は黒以外の色紋付と羽織・袴となります。結婚披露宴などに招待された人、成人式など整った着姿が必要な場面で着用します。
着流し	紋をつけず、袴をはかない着こなしの一般的な外出着になります。
浴衣	最もカジュアルで、夏のくつろいだ装いの着物です。花火大会、夏祭り、家庭でくつろぐときなどに着用します。

①紋

着物に用いる紋とは基本的に「家紋」を指します。古くは自分の家系、血統、地位などを表すために用いられてきました。簡単にいうと、自分の家のことを表す円状のマークのようなものです。

明治時代までは、紋付袴の着用が一般的だったため、多くの家で家紋が用いられましたが、現在は、家紋がない家も存在しています。

②羽織（はおり）

羽織（はおり）とは着物（きもの）の上（うえ）に着用（ちゃくよう）するものです。

③袴（はかま）

袴（はかま）とは、和装（わそう）において腰（こし）より下（した）を覆（おお）うようにして着用（ちゃくよう）する着物（きもの）の一種（いっしゅ）です。弓道（きゅうどう）の弓道着（きゅうどうぎ）、大学（だいがく）の卒業式（そつぎょうしき）の礼服（れいふく）として着用（ちゃくよう）します。

3 日本に住む

1 住宅事情

（1）日本の住宅事情

日本で住宅に住む場合は、主に「購入」か「賃貸」になります。

また、住宅を購入するといっても「新築注文住宅／新築分譲住宅／中古住宅／リフォーム（リノベーション）済住宅／新築分譲マンション／中古分譲マンション」などがあり、賃貸住宅については、「公営住宅／UR 賃貸住宅／民間住宅」の運営の下に「マンション／アパート／学生寮」などといった、さまざまな住宅の種類があります。

（2）購入住宅の種類

購入住宅の種類は、建て方や建築年数などにより、主に6つに分けられます。

種類	特徴
新築注文住宅	住む人が、建築会社などと設計から相談して建築する住宅です。土地を持っていない場合は、土地を購入するか借りるかすることから始めなくてはなりません。
新築分譲住宅	建売住宅ともいいます。不動産会社が土地を購入し、建築して販売する新築の住宅です。
中古住宅	今まで他の人が住んでいた住宅を、不動産会社が販売する住宅です。修繕や改築などが必要な場合があります。
リフォーム（リノベーション）済住宅	不動産会社が、中古住宅を修繕や改築などをしてから販売する住宅です。

種類	特徴
新築分譲マンション	不動産会社が土地を購入し、建築して販売する新築のマンションです。
中古分譲マンション	今まで他の人が住んでいたマンションを、不動産会社が販売するマンションです。修繕や改築などが必要な場合があります。

(3) 賃貸住宅の種類

①賃貸住宅の運営

賃貸住宅の種類は運営主体によって3つに分けられます。

種類	特徴
公営住宅	都道府県や市町村などの地方公共団体が建設し、低所得者向けに割安な料金で提供する賃貸住宅です。
UR 賃貸住宅	都市再生機構が運営管理している賃貸住宅です。仲介手数料や保証人の必要がなく、費用面の負担を抑えられます。
民間住宅	大家（家を貸す人）から借りる家です。

②民間住宅の種類

また、民間住宅については、住宅の構造や間取りにより6つに分けられます。

種類	特徴
マンション	主に、鉄筋コンクリートまたは鉄骨鉄筋コンクリート造などの耐火構造の集合住宅です。一般的に耐震性・遮音性に優れています。また、共用施設や付帯設備などがあり、賃料はアパートに比べて高くなります。

種類	特徴
アパート	木造・軽量鉄骨造などの準耐火構造の集合住宅です。共用施設などがないところが多く、賃料はマンションに比べ安くなります。
学生寮	学校などが運営管理している学生専用の賃貸住宅です。基本的には男女別の入居制限が多く、比較的費用も安くなっています。
学生会館	企業などが運営管理している学生専用の賃貸住宅です。食堂があり、共同の設備が多いところは学生寮とよく似ていますが、学生会館の基本は共同生活で、風呂・トイレなどは共同の場合が多く、門限などの生活上のルールが決まっています。
下宿	ある家の一部屋を間借りして住むこと。海外のホームステイに近いです。生活スペース（トイレやお風呂）は共同になります。備えつけの家具が用意されていることが多く、賃料も安くなっています。
ルームシェア	1軒の家やマンションに、友人などと複数人数で住むこと。一人ひとりの部屋は独立していて、トイレやお風呂は共同になります。家賃や光熱費を負担しあうので、比較的安い負担額で住むことができます。

2 住居を探す

（1）物件の探し方

①物件探しの流れ

まずは予算、場所、設備などの希望する条件を決めた上で物件の情報をインターネットや住みたい場所の最寄りの不動産会社などで探します。希望する物件が見つかったら、実際に見学に行きます。見学した上で最終的に決めた物件について契約をするという手順となります。

Step1　希望の条件を決める（予算・場所・設備）

Step2　物件情報を探す（インターネット、不動産会社）

Step3　下見（物件を見学する）

Step4　契約

②希望の条件を決める

物件の条件を決める際は、予算、場所、設備の３点を決めることが必要です。

また、条件については、予算の上限を決めた後に、場所・設備については、優先順位を決めていくと物件が探しやすくなります。

項目	条件内容
予算	・月額の支払うことが可能な金額（一般的に収入の1/3以下が目安です） ・契約時に支払うことが可能な金額
場所	・通勤・通学時間（何分まで可能か） ・沿線（どの鉄道で探すのか） ・最寄り駅（対象の沿線の何駅で探すのか） ・駅からの距離（駅から物件までの距離）

項目	条件内容
設備	・住宅の種類（公営住宅、UR 賃貸住宅、民間住宅） ・物件の種別（学生会館、寮、アパート、マンションなど） ・建物設備（オートロック、宅配ボックス、エレベーターなど） ・間取り（部屋の広さなど） ・水廻りの設備（トイレ、お風呂など）

③物件情報を探す

どんな部屋に住みたいか希望が決まったら、ウェブサイトで物件を探しましょう。ウェブサイトには２種類があります。いろいろな不動産会社の物件が集約されているポータルサイトと各不動産会社が運営するサイトです。また、住みたい場所が決まっているのであれば、最寄り駅の不動産会社を訪問して、物件情報を見せてもらうこともできます。ウェブサイトの情報については、必ずしも空室の情報が最新ではないこともあるので注意しましょう。

a. ポータルサイト

いろいろな不動産会社の物件を登録しているサイトです。多いサイトであれば、600万件から700万件以上の取り扱いがあります。HOME'S、SUUMO、スマイティ、goo 住宅・不動産、at home などのサイトがあります。

b. 各不動産会社のサイト

不動産会社が自社で紹介できる物件のみを紹介しているサイトです。全国展開している不動産会社と特定のエリアや地域に特化した不動産会社があります。「沿線名や駅名」と「賃貸」で検索すると探すことができます。

また、外国人に特化したサイトも近年増えています。「外国人」と「賃貸」で検索すると探すことができます。

c. 不動産会社を訪ねる

住みたい駅が決まっているのであれば、駅の近くの不動産会社を訪ねて探すことも可能です。

④下見

契約前に実際の物件へ足を運び、チェックすることが大事です。物件の下見には費用は一切かかりません。これから始まる新しい生活をしっかりイメージできるように、下記リストを参考に物件や周辺環境の確認をするようにしましょう。

【下見の際に持参するもの】

項目	条件内容
間取り図	その物件の間取り図を持参して、実際に比べてみることも重要です。
巻尺	巻尺（メジャー）は重要です。電化製品や家具、カーテンのサイズをはかることで引っ越し準備がスムーズになります。
筆記具	実際の寸法や、不動産会社の人に聞いた内容をメモしておきましょう。
周辺の地図	周囲の施設や駅までの経路などを確認するために、周辺の地図を持参して、周りがどんな状況か確認しましょう。
事前費用	申し込みの際に必要な費用があるので、家賃の一か月分を目安に持参しましょう。

【下見の際のチェックポイント】

【周辺環境】

□駅までの実測時間
□街の治安
□駅までの道の街灯の有無
□生活利便施設（コンビニエンスストア、スーパーマーケットなど）
□病院の有無

【専有部分】

□実際の部屋の広さ
□日当たりは良いか
□音は響かないか
□周辺の騒音はどうか
□設備は劣化していないか
□必要な設備は設置されているか
□ドアの開閉・建具・窓の不具合
□水圧は十分か

□押入れ・クローゼット・窓際・お風呂場のカビ
□天井や押入れのシミ
□収納スペース
□ベランダの有無、広さ
□畳の状態
□電波は入るか
□コンセントの数
□洗濯機置き場は室内か室外か
□前の入居者のにおいや周辺の工場などのにおい

【共有部分】
□共有部分の清潔さ（清掃されているか）
□ゴミ捨て場はあるか（清潔に管理されているか）
□防犯
□郵便受け（チラシが散乱していないか）
□駐輪場の有無

⑤契約

希望する物件がみつかったら入居の申し込みをします。入居審査に必要な書類を提出します。貸主が入居審査を行い、審査に通れば契約をして入居することができます。申し込みから入居までは一般的に１週間から２週間かかることがあります。契約についての詳細は次項で説明します。

（2）不動産用語

①部屋の広さ

その部屋を借りる人が、自分個人のものとして独占的に使用できる部屋の内部の面積を専有面積といいます。ベランダや玄関ポーチなどは含まれません。

専有面積は、右図の太い枠の部分の面積で、「㎡」で表示されます。また、部屋の広さ（右の図で６帖）は、畳１枚分の広さを帖または畳という単位で表しています。

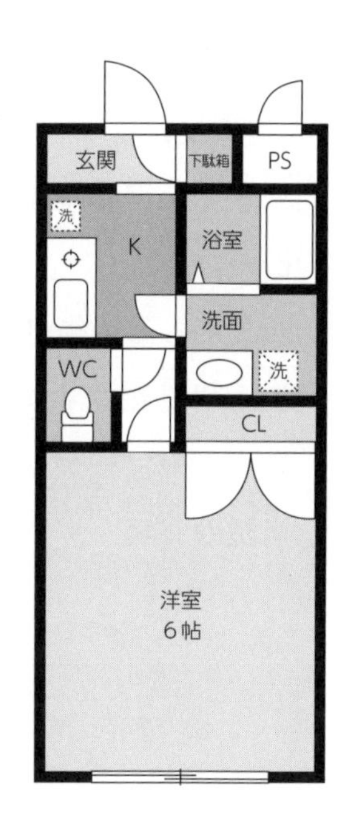

②間取り

【1R】

居室とキッチンが一体となった物件です。

【1K】

居室とキッチンの間に仕切りが設けられているタイプの物件です。「K」の前の数字は、居室の数を表しています。

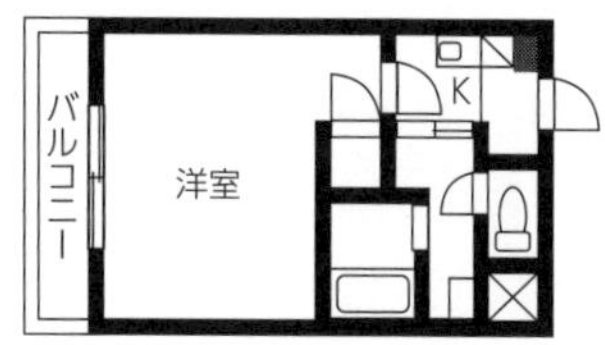

【1DK】

1居室とダイニングキッチンの間に仕切りが設けられているタイプの物件です。「DK」の前の数字は、居室の数を表しています。

【1LDK】

居室とリビングダイニングキッチンの間に仕切りが設けられているタイプの物件です。「LDK」の前の数字は、居室の数を表しています。

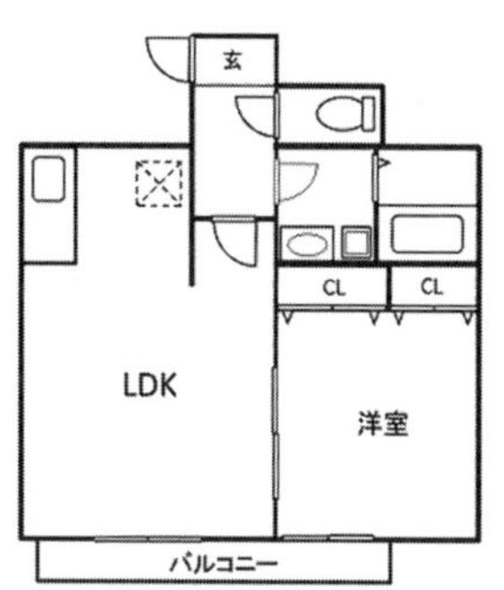

③設備

物件の資料を見る際に最低限必要な用語（間取り図表記）とその設備の内容を理解しましょう。

用語 【間取り図表記】	意味
インターネットマンション	インターネット専用の設備が備えられた集合住宅のことをいいます。月々の定額料金（管理費に含まれていることが多い）を支払うことで、入居者は入居後すぐにインターネットを利用することができます。

用語 【間取り図表記】	意味
エントランス	マンションなどの大型集合住宅の共同入口及び、そのスペースを意味します。各住戸のポストや宅配ボックス、掲示板などの設備が設置されています。
オートロック	あらかじめ定めた暗証番号や住戸内からの操作によって、共同入口のドア（エントランスドア）の施錠や解錠を行うシステムのことです。
宅配ボックス	入居者が不在の時に、宅配の荷物を保管しておく専用ボックスの設備です。
BS・CS	衛星（BS・CS）放送を受信するパラボラアンテナが装備されている建物を意味します。入居者は個別でパラボラアンテナを設置しなくても、テレビがBS・CSに対応していれば、BS・CSを受信することができます。
ポーチ	戸建て住宅において、玄関の上に庇が出た部分の下を、一般的にポーチと呼んでいます。マンションでも門扉を設けて、門扉から玄関までの空間をポーチと呼んでいるものもあります。
縁側	和室の外側に設けられた板張りの通路です。日本の和風建築における独特のもので、庭などの外部から直接屋内に上がる用途を持ち、建物の内部に設けられる入側や広縁と、軒下に設けられる濡れ縁などがあります。
ベランダ バルコニー	建物の外壁から張り出した部分で、柵や手すりなどで囲まれ、屋根・庇・軒下などがあり、室内と行き来ができる場所・露台のことをいいます。 本来は、1階に作られた屋根・庇・軒下などがあるものをベランダ、無いものをテラス、2階以上に作られた屋根・庇・軒下などがあるものをベランダ、無いものをバルコニーといいますが、厳密に使い分けられてはいません。マンションでは一般的にバルコニーの名称が多く使われています。

用語 【間取り図表記】	意味
IHクッキングヒーター 【IH】	磁力線で鍋を発熱させる仕組みの電磁調理器（加熱調理器）のことです。ガス式コンロと比べて、火を使わないため安全性が高く、天板が平坦で掃除がしやすいなどといった利点があります。
ユニットバス 【UB】	防水性の高いプラスチックなどで、床、壁、天井などを一体化して成型した浴室を意味します。最近の賃貸物件の浴室に多く使用されています。主に、浴槽と洗面が一緒になったものを２点ユニット、浴槽・洗面・トイレが一緒になっているものを３点ユニットと呼ぶ場合もあります。
浴室乾燥機	浴室の天井に設置される、浴室内の乾燥・換気・暖房の他に洗濯物の乾燥も行なうことのできる設備です。
防水パン （洗濯機パン）	防水性の高い素材で作られた、洗濯機を置くための場所です。位置は固定されていて、給・排水設備が付いています。
押入れ	和室の収納スペースのことをいいます。主に寝具類を収納する目的で造られ、居室との仕切りは一般的に襖になっています。
納戸【S】	人が入れる程度の収納用の部屋のことをいいます。人が中に入って歩き回ることができる程度の大きさであっても、窓がない部屋は居室ではなく納戸になります。
クローゼット 【CL】	居室に設置されている収納棚です。主に衣服を収納するために使用されています。
ウォーク・イン・クローゼット 【WCL】	居室に設置されている収納棚です。普通のクローゼットとの違いは、歩いて中に入れる広さの収納棚であることを意味します。主に衣服を収納するために使用されています。

④費用

費用には、契約時にかかる費用と毎月かかる費用があります。また、貸主に預け入れて退出時に返却される費用もあります。

主な費用には、次の様な費用があります。

用語	意味
契約金	住宅を購入する際、契約が成立したときに発生する売り手に対して支払う費用のことです。
仲介手数料	住宅の売買や賃貸借の取引の際、売主または貸主と買主または借主の間に入って意見の調整や契約事務などを行う不動産会社に支払う手数料のことです。
礼金	賃貸借契約の際、部屋を貸してくれるお礼の意味合いで、借り主が貸し主（大家さん）に支払う一時金（契約時に１回だけ支払うお金のこと）のことです。この礼金は、返還されないのが一般的です。
敷金	賃貸借契約の際、賃料の不払い時や部屋を損傷させた場合の修理費などに備える意味合いで、借り主が貸し主（大家さん）に支払う費用のことです。賃貸借契約の終了時には、未払いの賃料などがなければ返金されるのが通常です。
管理費	マンションなどの集合住宅などにおいて、敷地や建物の共用部分、共同で使用する施設や設備などの維持管理に必要な経費のことで、賃料とは別に毎月支払います。例えば、エレベーターの点検、共用部分の清掃、管理員の窓口業務、共用部分の光熱費などです。
共益費	「管理費」とほぼ同じ意味合いとして使用されますが、厳密には、「共益費」は共用部分に関わる維持管理に必要な経費、「管理費」とは、それらを含んだ、敷地を含む住宅全体の維持管理に必要な経費を指すことが多くあります。

用語	意味
更新料	賃貸住宅の「賃貸借契約」や土地の「借地契約」の更新時に、借主から貸主に支払う費用のことです。 賃貸住宅の賃貸借契約は２年ごとの更新時に賃料１か月分程度の更新料を支払うのが一般的です（地域や物件によって異なることがあります）。

④距離と時間

賃料は、都心部からの距離及び最寄りの駅から物件の場所までの距離と大きな関係があります。駅から近ければ家賃相場は高くなりますが、駅から離れれば離れるほど安くなります。一般的には、駅やバス停からの距離など、徒歩の算出は１分間に80m進む換算で計算しています。そのため「徒歩10分」と書いてあれば、800mということになります。人によって歩く速さも違いますし、途中に踏み切りや信号があれば所要時間は変わるため、現地で実際に歩いてみることも大事です。

3 住居の契約

（1）入居審査

外国人の入居審査のためには、次のような身元確認の書類を提出することが一般的です。

必要な書類は、不動産会社や貸主により変わるので、下見に行く前に事前に各不動産会社に確認して準備しておくと、スムーズに入居審査を行うことができます。入居審査にかかる期間は、おおよそ２～３日ですが、場合によっては１週間ほどかかることもあります。

【入居審査に必要な書類】

種類	書類名
本人を確認するための書類	パスポート、在留カード
勤務先・学校を確認する書類	勤務証明書、在学証明書、勤労資格証明書、資格外活動許可証
収入を証明する書類	源泉徴収票、給与明細書、納税証明書、給与支払い（予定）の証明書（これから働く場合）、銀行の送金証明書、奨学金支給証明書、預貯金の証明（通帳の写し）

（2）契約時の注意事項

①賃料の発生日

賃料の発生日については、その物件が現在「空室」なのか「入居中」なのかで変わります。現在「空室」の場合は、契約が完了した時点から賃料が発生するケースが多く、契約日と入居日の間が空く場合は、その間も賃料が発生することがあります。契約時には、必ず賃料の発生日がいつからなのかを確認する必要があります。

②連帯保証人

一般的に、賃貸借契約においては、「連帯保証人」が必ず必要になります。「連帯保証人」とは、万が一家賃が払えなくなった場合、その家賃を代わりに支払うことができる人のことをいいます。「連帯保証人」は、基本的には、日本国内に居住している一定の収入のある親族となります。外国人は、そのような「連帯保証人」を探すことが難しいため、保証人が見つけられない場合は、保証会社のサービスを取り扱っているか確認してみましょう。

保証会社は借主から保証料を受け取り、家賃を滞納した際に、借主に代わって家主に家賃の支払いを行ってくれるシステムです。保証料の相場は、家賃の30％から100％で更新時にまた必要になるのが一般的です。

③費用と設備の確認

契約の際に、「重要事項説明書」という書類をわたされます。この書類は、物件の概要や費用などの重要な事項が記載されています。不動産の取引の資格を持った人が、口頭で説明を行うことが義務づけられています。特に設備関係の有無、費用（初期費用、月額費用、更新時の費用）などの大切なことはしっかりと確認するようにしましょう。

また、契約書には、入居中に守るべきルールが記載されています。特に、禁止事項や更新・退去時のルールについて、よく確認するようにしましょう。

④契約更新

契約の多くは、「普通借家契約（一般的な賃貸借契約）」か「定期借家契約」のどちらかで、契約期間は２年間が一般的です。

注意が必要なのが「定期借家契約」です。「定期借家契約」は、契約の更新がない契約で、契約期間が満了になった時点で契約が終了し、退去しなければなりません。そのため、契約更新を望むなら「普通借家契約」で契約できる物件を選択する必要があります。

⑤解約の方法

契約の途中で解約することも可能です。途中解約したいときには、まずは契約書の内容を確認し、途中解約に関する条項を確認することが必要です。一般的には、解約したい日の１か月～２か月前に解約する旨の予告を文書で行う必要があります。

一方で、貸主側からの解約についても契約書に記載されているので必ず確認するようにしましょう。例えば、賃料などを滞納した場合や、借り主が禁止事項に違反している場合など借主に契約違反があった場合に、貸主側から契約期間中に契約の解除をすることが可能となります。

⑥原状回復

賃貸契約時に敷金を預けている場合、契約終了時には原則として敷金は返却されます。しかし、借主側には原状回復義務（退去する際は、借りた時と同じ状態に戻す義務）があります。そのため、カーペットに落ちない汚れをつけてしまった場合や、壁に大きな穴を空けてしまった場合などの補修にかかる費用は預けておいた敷金から差し引かれ、それでも足りない場合は追加で借主が支払うこととなります。
ただし、原状回復義務はあくまで入居者の故意・過失による汚れやキズだけが対象となります。「通常の住み方」をしていても発生すると考えられる範囲内の損傷、例えば、日に焼けた壁紙や床材の張り替え費用、経年劣化で壊れた風呂の交換費用は「原状回復」の対象にはならないので、貸主側の負担となります。

4 ライフライン

①電気

【申し込みについて】
入居する1週間前には、電気会社へ電話かインターネットなどで使用開始日の連絡をする必要があります。電気の開始については、基本的には係員の立会作業も必要ありません。入居後にブレーカーのスイッチを入れれば電気を使用することができます。
使用し始めたら、なるべく早めに『電気使用申込書』を郵送し、手続きを済ませましょう。電話やインターネットでの申し込みも可能です。

【電気料金】
2016年の「電力自由化」により、以前は地域で決められていた電力会社としか契約できなかった電気が、自由に電力会社を選んで契約ができるようになりました。
選択した電力会社やプランにより料金は異なりますが、毎月一定の金額の「基本料金」と「使用量」を支払うことになります。
電気料金の支払方法は、銀行口座からの自動引落し、コンビニエンスストアや銀行での支払、クレジットカード払いなどの方法があります。

②ガス

【申し込みについて】
ガスは電気や水道と違い、自分で閉栓・開栓することができません。そのため、入居する1～2週間前に必ずガス会社に連絡をしておきましょう。退去の際は立会いが不要の場合もありますが、入居後開栓する際は必ず立会いが必要です。

【ガス料金】

2017年に「都市ガス自由化」が始まりました。以前は地域で決められていたガス会社としか契約できなかったガスが、自由にガス会社を選んで契約ができるようになりました。

選択したガス会社やプランにより料金は異なりますが、毎月一定の金額の「基本料金」と「使用量」を支払うことになります。

ガス料金の支払方法は、銀行口座からの自動引落し、コンビニエンスストアや銀行での支払、クレジットカード払いなどの方法があります。

③水道

【申し込みについて】

水道の使用開始に、係員の立合い作業は必要ありません。栓を開栓し蛇口をひねると水が出ます。使用し始めたら、なるべく早めに『水道使用開始申込書』を郵送し手続きを済ませましょう。電話やインターネットでの申し込みが可能な水道局もあります。

水道使用開始申込書は、賃貸物件では郵便受けや玄関に用意されていることが多いですが、見当たらない場合や、蛇口をひねっても水が出ない場合は各水道局に連絡しましょう。

【水道料金】

水道料金は、住んでいる市区町村によって異なる場合がありますが、毎月一定の金額の「基本料金」と「使用料」を支払うことになります。

水道料金の支払方法は、水道事業者によって異なります。基本的には口座振替や銀行・コンビニエンスストアでの支払などの方法の中から選ぶことができます。

4 日本で生活する

1 各種手続き

（1）住民票の作成

外国人のうち在留カードを持っている人（3か月以上滞在する）は市区町村に住所の届出が必要となります。

【新規の上陸許可を受けて日本に入国した場合】

・住所を定めた日から14日以内に市区町村に転入の届出が必要です。

・申請の際は在留カード（後日交付の人はパスポート）を持参してください。

・家族と一緒に暮らす場合は、婚姻証明書や出生証明書などの家族関係を証明する公的な文書も必要です。

※詳細な手続きはChapter 5（下巻）の「日本で居住する際に必要な行政手続き」を参照

（2）印鑑登録

日本では、サインに代わる意思確認の証明として、印鑑を使用する文化があります。公的な書類や手続き、自動車や不動産の購入、銀行口座の開設、企業における書類など、本人による確認・証明が見なされた証として印鑑による押印が必要となります。

①印鑑の種類

個人で使う印鑑には、大きく分けて2つの種類がありそれぞれに用途や役割が異なります。

もっとも重要な役割を持ち、役所に届け出て法的効力を持つ印鑑：「実印」

日常的に使う印鑑：「認印」

②印鑑登録

個人が社会生活の中で必要となるさまざまな手続きや法律行為を行うにあたり使用する印鑑（実印）を、住民登録がある役所においてあらかじめ届け出て登録するものです。この登録を行うことで、公的な書類の押印時にその印鑑が本人のものであることを証明する印鑑登録証明書の発行ができるようになります。

印鑑登録証明書を発行してもらうには、印鑑登録時にもらうことができる「印鑑登録証」により発行が可能となります。

③印鑑登録の方法

市区町村で手続きを行います。

・登録申請書

・印鑑（ハンコ）

・本人確認書類（在留カードもしくはパスポートなど）

※外国人住民が、漢字氏名、通称の印鑑で登録する場合は、住民票にその漢字氏名、通称が記載されている必要があります。また、氏名の読み方であるカタカナの印鑑で登録する場合は、その氏名の読み方であるカタカナを住民票の備考欄へ記載する必要があります。

（3）ヘボン式ローマ字表記

日本では、日本語の単語や人名・地名など、日本語の発音を英語のアルファベットで表記する場合にヘボン式ローマ字表記を使用しています。

【ヘボン式ローマ字表】

ア	A	イ	I	ウ	U	エ	E	オ	O
カ	KA	キ	KI	ク	KU	ケ	KE	コ	KO
サ	SA	シ	SHI	ス	SU	セ	SE	ソ	SO
タ	TA	チ	CHI	ツ	TSU	テ	TE	ト	TO
ナ	NA	ニ	NI	ヌ	NU	ネ	NE	ノ	NO
ハ	HA	ヒ	HI	フ	FU	ヘ	HE	ホ	HO

マ	MA	ミ	MI	ム	MU	メ	ME	モ	MO
ヤ	YA			ユ	YU			ヨ	YO
ラ	RA	リ	RI	ル	RU	レ	RE	ロ	RO
ワ	WA	ヰ	I			ヱ	E	ヲ	O
ン	N (M)								
ガ	GA	ギ	GI	グ	GU	ゲ	GE	ゴ	GO
ザ	ZA	ジ	JI	ズ	ZU	ゼ	ZE	ゾ	ZO
ダ	DA	ヂ	JI	ヅ	ZU	デ	DE	ド	DO
バ	BA	ビ	BI	ブ	BU	ベ	BE	ボ	BO
パ	PA	ピ	PI	プ	PU	ペ	PE	ポ	PO
キャ	KYA			キュ	KYU			キョ	KYO
シャ	SHA			シュ	SHU			ショ	SHO
チャ	CHA			チュ	CHU			チョ	CHO
ニャ	NYA			ニュ	NYU			ニョ	NYO
ヒャ	HYA			ヒュ	HYU			ヒョ	HYO
ミャ	MYA			ミュ	MYU			ミョ	MYO
リャ	RYA			リュ	RYU			リョ	RYO
ギャ	GYA			ギュ	GYU			ギョ	GYO
ジャ	JA			ジュ	JU			ジョ	JO
ビャ	BYA			ビュ	BYU			ビョ	BYO
ピャ	PYA			ピュ	PYU			ピョ	PYO

以下は、外国式氏名におけるヘボン式ローマ字表記の例です。

シェ	SHIE	チェ	CHIE	ティ	TEI	ニィ	NII	ニェ	NIE
ファ	FUA	フィ	FUI	フェ	FUE	フォ	FUO	ジェ	JIE
ディ	DEI	デュ	DEYU	ウィ	UI	ウェ	UE	ウォ	UO
ヴァ	BA	ヴィ	BI	ヴ	BU	ヴェ	BE	ヴォ	BO
ヴァ	BUA	ヴィ	BUI			ヴェ	BUE	ヴォ	BUO

【ヘボン式ローマ字表記の例外】

撥音：B、M、Pの前の「ん」は、NではなくMで表記します。

例：難波（ナンバ）NAMBA

促音：子音を重ねて表記します。

例：吉川（キッカワ）KIKKAWA

ただし、チ（CHI）、チャ（CHA）、チュ（CHU）、チョ（CHO）音の前には「T」を表記します。

例：八丁堀（ハッチョウボリ）HATCHOBORI

長音：OやUは記入しません。

例：大野（オオノ）ONO

2 日常生活

（1）自治会・町内会

自治会は、同じ町内や町で暮らす地域の住民がお互いに助け合いや協力をしながら親睦を深め、住みやすいまちをつくるために自主的につくられた団体です。町内会ともいいます。

①自治会の活動

地域の住民が安心・安全に暮らすために、地震・火災・水害などの災害に備えた防災訓練や登下校の子どもの見守り、防犯・防火活動を行い、住民同士の交流を深めるためのお祭りやイベント、レクリエーションなどの開催、地域の清掃、リサイクル・資源の回収などを行います。また、各家庭を回す回覧板で地域の情報提供を行っています。その会員である住民から集める自治会費で運営されており、金額は各自治会により異なります。自治会への入会は任意で、退会も自由です。

②自治会加入のメリット

・日本人の知り合いが増える
・日本で生活するためのルールを学ぶことができる
・自治会の開催する祭りやイベントを通じて日本の文化を学ぶことができる
・自治会が行うボランティアに参加することができる

(2) 生活のマナー

①ゴミ出しのルール

ゴミ出しのルールは市町村ごとにゴミの分別方法・収集日・収集場所が決められています。一般的には、ゴミは、ゴミが収集される曜日の朝に出すことになっています。また、ルールで決まった種類以外のゴミを出したり、決められた場所以外にゴミを出すと回収されません。以下の2つは必ず守るようにしましょう。

・ゴミの種類ごとのゴミを出す場所と曜日を守る

・どこに、どの種類のゴミを出すのかは、住んでいる市区町村のルールに従う

※住んでいる市区町村によっては、市区町村が指定した有料の袋を使ってゴミを出さないといけない場合があります。

【ゴミの分別の一般的な種類】※各市区町村で異なります

種類	内容
燃えるゴミ	台所で出る生ごみや紙のごみなど
燃えないゴミ	割れた皿やコップ、金属、ガラスなど
空き缶・ビン	ビン、缶など
資源ゴミ	段ボール、新聞、本、洋服や布など
プラスチックゴミ	ペットボトル、弁当の容器やフタなどのプラスチック製品
粗大ゴミ	テーブル、いすなどの家具、ふとんなどの大型のゴミなど
家電ゴミ	エアコン、テレビ、冷蔵庫、洗濯機、乾燥機など

◆粗大ゴミの出し方

家具や自転車などの大きなゴミ（粗大ゴミ）は、市区町村に回収を事前に申し込み、有料で回収してもらいます。料金は、市区町村、粗大ゴミの種類によって違いますので、申し込みの際に確認してください。

◆家電・パソコンのゴミの出し方

家電４品目（エアコン、テレビ、冷蔵庫、洗濯機・乾燥機）は粗大ゴミとして出すことができません。買い替えるときに販売店に引き取ってもらってください。不要になった場合で、購入した販売店がわからないときなどは、住んでいる市区町村に問い合わせてください。パソコンのリサイクルの場合は、そのパソコンのメーカーに回収を依頼します。

◆不法投棄

日本では、どのような場所であっても定められた場所以外にゴミを捨ててはいけません。指定された場所以外に不法投棄をすると、1,000万円以下の罰金刑または５年以下の懲役刑が科されます。住んでいる市区町村におけるルールを守って、ごみを捨てるようにしてください。

◆ゴミ減量（3R）について

近年の深刻な廃棄問題を解決するために設立されたのが、リデュース・リユース・リサイクル推進協議会（略称：３Ｒ推進協議会）です。消費者の活動としては、買い物の際はマイバックを持つ、詰め替え容器や簡易包装を選ぶ、レンタルやシェアリングシステムを利用する、資源ごみの分別回収に協力する、リサイクル製品を積極的に利用するなどを心がけましょう。

・Reduce（リデュース）は、製品をつくるときに使う資源の量を少なくすることや廃棄物の発生を少なくすることです。耐久性の高い製品の提供や製品寿命延長のためのメンテナンス体制の工夫なども取組のひとつです。
・Reuse（リユース）は、使用済製品やその部品などを繰り返し使用することです。その実現を可能とする製品の提供、修理・診断技術の開発、リマニュファクチャリングなども取組のひとつです。
・Recycle（リサイクル）は、廃棄物などを原材料やエネルギー源として有効利用することです。その実現を可能とする製品設計、使用済製品の回収、リサイクル技術・装置の開発なども取組のひとつです。

②騒音のマナー

日本人は、大きな音や声を出すことは、他人に対して迷惑だという意識が強いです。

・友達が遊びに来たときに夜中に大きな声で騒ぐのは、部屋の中だけでなく、廊下や階段、建物の出入り口においても近所の人に迷惑になるので注意しましょう。
・テレビや音楽の音などについても、夜間の音の大きさについて気をつけるようにしましょう。
・深夜や早朝に洗濯機、掃除機を使うこともルール違反です。
・日常生活で発生する音（足音やドアの開閉音など）についても夜間は気をつけましょう。フローリングの部屋はカーペットを敷くことにより軽減されます。

③アパート・マンションの共有部のマナー

アパート、マンションの廊下部分は玄関前も含め、すべて共用部分です。

廊下や階段は避難通路でもありますので、ゴミや私物を置かないようにしましょう。

また、ベランダに非常用の隔て壁が設置されている場合にも、壁の周辺に物が置いてあると非常時に避難の妨げとなりますので、物を置かないようにしましょう。

3 情報生活

（1）インターネット接続

外国人が日本でインターネット環境を整備するためには、2つの方法があります。一つは光ファイバーを使った有線のインターネットサービス、もう一つはモバイルWi-Fiルーターなどの無線のモバイル系インターネットです。

・有線の回線

固定回線は速度が速く容量制限がないのがメリットですが、工事が必要となる場合があるので長期で滞在する人におすすめです。

・無線の回線

工事が不要でどこでも使えるのがメリットですが、固定回線より速度が遅く容量制限もあるので大容量コンテンツを視聴する人には向いていません。

【回線事業者とプロバイダー】

日本では、インターネットサービスについて、回線事業者とプロバイダー事業者と別々に契約する必要があります。回線事業者を選ぶとともに、プロバイター事業者も数百社以上あるため選ぶ必要があります。回線事業者については、住んでいる集合住宅で指定がある場合があるので不動産会社に確認するようにしましょう。

(2) 携帯電話

日本に中長期滞在する場合に携帯電話を利用する方法は、3つの方法に分けられます。

①携帯電話利用の種類

・大手キャリアで契約

日本での携帯電話のキャリアは4社あります。NTTdocomo、KDDIグループ(au)、ソフトバンクグループ (softbank)、楽天モバイルの4社です。大手のキャリアは、それぞれ自社の通信網を所有しています。そのため、通話品質が高く、データ通信も安定して速いためインターネットも快適に使うことができます。

・格安SIM

格安SIM各社は自前の通信網を持たず、3大キャリアから回線を借りて携帯電話サービスを提供しています。そのため、アクセスが集中するランチタイム (12時台) や、17時から22時台には、速度が遅くなる傾向があります。また、格安SIMの場合は支払方法がクレジットカード決済のみとされている場合が多いです。

・格安スマホ

携帯電話の端末を海外から持参しない場合に、格安SIMを、対応スマートフォンを購入して使うサービスのことです。格安SIMと同様3大キャリアから回線を借りて携帯電話サービスを提供しています。そのため、アクセスが集中するランチタイム (12時台) や、17時から22時台には、速度が遅くなる傾向があります。また、格安スマートフォンの場合は支払方法がクレジットカード決済のみとされている場合が多いです。

②契約

携帯電話の契約には、以下のものが必要になります。

・本人確認書類

（有効期限内の在留カード、健康保険証、パスポートなど）

・銀行口座（キャッシュカード、預金通帳）

・印鑑

・クレジットカード（口座振替を利用しない人）

※格安SIMや格安スマートフォンはクレジットカードのみの支払いが多いため必要です。

③携帯電話を契約するときの注意点

・「携帯電話を代わりに契約してあげる」と言って近づき、あなたの本人確認書類を勝手に使って契約し、犯罪に利用されることがあるので注意しましょう。

・契約を他人に依頼する場合は、自分でも内容を確認してください。

・契約した携帯電話を、携帯電話会社の承諾を得ずに他人に譲り渡すことは法律違反として処罰されます。

④携帯電話のマナー

・スマートフォンや携帯電話の画面を見つめながらの歩行（歩きスマホ）は大変危険です。自分自身だけでなく、周囲の人を巻き込む事故につながることもあるので、「歩きスマホ」はやめましょう。

・レストランやホテルのロビーなどの静かな場所では、声のトーンは抑えて話すようにしましょう。

・新幹線や電車内では座席での通話は禁止されています。公共交通機関に乗車する際は必ずマナーモードにしましょう。また優先席付近では、マナーモードではなく電源を切りましょう。

・航空機内や病院では、各航空会社または各医療機関の指示に従ってください。使用を禁止されている場所では電源を切りましょう。

・自動車、自転車などを運転中の携帯電話の使用は禁止されています。運転中に携帯電話を手に持って使用することは罰則の対象となります。

・カメラ付き携帯電話での撮影・画像送信を行う際は、著作権などの知的財産権、肖像権、プライバシー権などの他人の権利を侵害しないよう注意しましょう。

（3）郵便局

郵便局は身近なところにたくさんあります。日本の郵便業務は、日本郵便株式会社が行っていますが、小包などの荷物は宅配便会社も扱っています。基本的には土日・祝日は営業していませんが、地域の中心となる大規模な郵便局は、土日・祝日も郵便物の取り扱い営業を行っています。（営業する曜日、時間は、郵便局により異なります）

①郵便の出し方

日本国内に手紙を送る場合、はがきは63円、封書は定型25gまでが84円です（2024年10月からは、はがきは85円、定型の封書は110円になります）。手紙やはがきは切手を貼ってポストに投函します。ポストは赤く、投入口がふたつあります。ひとつは通常郵便、もうひとつは大型の郵便物や速達、国際郵便専用となっています。郵便物の料金がわからない場合やポストに入らないサイズのものは、郵便局から出してください。

②国際郵便

日本郵便の場合、航空便には通常の便に加えて「国際スピード郵便」（EMS）という速達サービスと、航空便よりも安く船便よりは速い「エコノミー航空便」（SAL）があり、船便と合わせて計４つの選択肢があることになります。ただし対応する形式や送り先には制限があるサービスもあります。

・国際スピード郵便（EMS）

国際郵便の中でも優先して扱われ、最短２日から４日程度で送り先に届きます。料金も相応に高めではあります。

・航空便

飛行機を利用する便です。３日から６日程度で到着します。SALに比べると料金は少し高めですが、さほど大きな時間がかからず送り先へ届きます。

・エコノミー航空便（SAL）

小包のみ利用できるサービスで船便より速く届き、また料金は航空便よりも安く設定されているサービスです。２週間から３週間程度で送り先へ届きます（相手国の取扱いによっては、さらに日数がかかる場合があります）。

・船便

船舶を利用する便です。航空便に比べて送料はかなり安く抑えられる反面、到着に要する期間が１か月から３ヵ月かかります。

【税関】

外国に荷物を送ったり、外国から送ってもらう場合、荷物に課税されることがあります。国際郵便への課税など税関に関する内容は、関税局の税関外郵出張所に問い合わせましょう。

【国際郵便で送れないもの】

スプレー缶、香水、花火・クラッカー、日焼け止め、マニキュア、ヘアトニック、アルコール飲料、電子タバコ、モバイルバッテリー

③宅配便　日本国内に荷物を送る場合

日本郵便の「ゆうパック」のほか、宅配会社が提供する宅配便があります。ほとんどのコンビニエンスストアがゆうパックか宅配便を取り扱っているので大変便利です。電話かインターネットで集荷を申し込むと、家まで発送する荷物を取りにきてくれます。

④宅配便　荷物を受け取る場合

宅配便を受け取る際は、印鑑またはサインが必要です。宅配便で心あたりのない荷物が届いた場合は、宅配便の荷物の受け取りを拒否することができます。荷物を受け取れなかったとき、配達員は不在連絡票を置いて帰ります。不在連絡票が届いたときは、不在連絡票に書かれている番号に電話または、郵便局や宅配会社のウェブサイトで再配達を申し込みます。または、連絡票と本人を確認する書類を持って、郵便局または宅配会社の営業所へ行きます。

（4）SNS

SNSはインターネット上で友人や同じ趣味を持った人とコミュニケーションをとることを目的とするサービスです。最近では、スマートフォンの普及により、いつでも手軽に情報を発信・受信できるツールとして、利用者が増えています。SNSを利用する際は以下のことについて注意しましょう。

①個人情報

個人情報の取り扱いには注意しましょう。本名や住んでいる地域、通っている学校や働いているお店や会社、また利用することの多い最寄り駅などの情報をSNSに載せてしまうと、あっという間に個人を特定されてしまいます。また、自分だけでなく友達の個人情報についても不用意に掲載することはやめましょう。

②画像情報

GPS機能のついたスマートフォンやカメラで撮影した写真には、撮影日や撮影場所の位置情報など色々な情報が含まれている場合があります。自宅や居場所などが他人に特定されてしまうリスクがあり、迷惑行為やストーカー被害などの犯罪被害にあう可能性もあるので注意しましょう。

③名誉毀損

個人的な考えの押し付けや軽率な発言により他者を傷つける場合があります。ネガティブな内容を見たユーザーは自分に対しての発言ととらえてしまう可能性があるので注意しましょう。また、何気ない一言でも会社の機密事項だったり友人の秘密をさらしてしまうような内容だったりすることがあります。投稿したことで現実の世界で社会的責任を問われるような事態にまで発展してしまうという可能性もあります。投稿する前に多くの人の目にふれても問題ない内容かどうかをチェックしましょう。

④悪質なサイトへの誘導

通常のインターネット上のウェブサイトと同様に、SNSにURLリンク付きで投稿される記事の中にはフィッシングサイトなど不正なサイトへの誘導を行うものがあります。怪しいリンクは不用意にクリックしないことが必要です。また、他人が別の人になりすまして、投稿したり友達の申請をしたりすることによる個人情報の流出やSNSの情報連携の中には不正に情報を取得することが目的とされたアプリもあり、不用意にアクセス許可を与えてしまうと、個人情報が意図せず流出してしまう恐れがあります。

4 金融

（1）銀行口座の開設

①口座開設の条件

外国人が銀行口座を開設するためには在留カード・住民票が必要になります。そのため、短期滞在など在留期間が短い人は銀行口座の開設をすることはできません。

また、日本の法律によって、長期滞在ビザ（90日以上）を持っていても、日本での滞在期間が6か月未満の外国人も、銀行口座を開設することができません。しかし、外国為替及び外国貿易法外為法の定めにより、普通口座を作ることはできず、「非居住者円預金」という口座を作ることは可能ですが、海外送金の制限やキャッシュカードがない、口座引き落としができない、手数料が高いなどの制約があります。

②銀行の種類

日本で銀行口座を開設する場合、ネット銀行と実店舗を持つ銀行の２つに分けられます。

・実店舗型銀行

日本では、一般的な銀行です。実店舗型銀行の利点は、窓口で手続きすれば即日口座を開設できます。口座開設する際は、自宅の近くか学校・勤務先の近くの店舗で申し込みしましょう。

・ネット銀行

ネット銀行は実店舗を持たず通帳も発行されないため、従来の銀行と比べて費用を抑えることができます。そのため、各種手数料が安く、金利も高く設定されている特徴があります。

③口座開設に必要な書類

日本で銀行口座を開設するためには、基本的に本人確認書類（在留カード）、現住所を証明できるもの、印鑑が必要です。

・本人確認書類

有効期限内の在留カード、健康保険証、パスポートなど（補足書類として、学生証、社員証が必要となる場合もあります）

・現住所を証明できるもの

住所記載のある在留カード、または携帯電話、水道・ガス・電気料金の領収書や請求書の原本（コピー不可）

・印鑑

※サインのみで口座を開設できる銀行もありますが、印鑑を用意したほうがよいです。

・連絡可能な電話番号

※連絡可能な電話番号を持っていないと、口座が開設できない銀行もあります。

④ ATM

銀行のATMでは、銀行のカードを持っていれば入出金や振込ができます。ATMは銀行のほかに、コンビニエンスストアやショッピングセンターの中にもあります。使用する時間帯や休日により手数料がかかります。

⑤届出が必要な時

・住所や在留期限、在留資格が変わったとき
・退職・退学をしたとき
・通帳やキャッシュカードをなくしたとき（金融機関に届け出た住所と現住所が異なると、キャッシュカードを郵送で受け取ることができません。）
・帰国するとき

⑥帰国の際の手続き

在留中に銀行口座の開設をした人は帰国する前に解約する必要があります。口座

を解約しないままに10年以上、ゆうちょ銀行では５年放置すると、預金を利用できなくなることがあります。また、サービス利用の引き落とし前に銀行口座を解約しないように注意が必要です。料金が未払いのままになっていると、不払いとして信用情報機関に個人情報が記録され、日本で各種クレジットカードや住宅ローン・携帯電話が契約できなくなります。もしも料金不払いが発覚して訴訟に発展すると、再入国するときにトラブルになる可能性があります。

※銀行口座（キャッシュカード・通帳）の売買、譲渡は犯罪です。違反すると、１年以下の懲役または100万円以下の罰金が科されます。

（2）海外送金

日本に在留している外国人の中には、海外との資金の送金や受け取りがある人がいると思います。海外と資金のやり取りをする際は、必ず手数料がかかります。日本からの海外送金はテロなどの犯罪行為に繋がる危険性があるため、送金時の本人確認や資金の出所の確認などは厳しくなっています。また、送金先の国が制裁対象国である場合は送金できない可能性があります。

【海外送金の方法】

①銀行

銀行などの金融機関の窓口での送金は、外貨両替に伴う手数料が高額で、手続きにも時間がかかります。一方で、オンラインの国際送金サービスと連携している銀行などもあります。

②オンラインの国際送金サービス

換金レートや手数料、送金にかかる時間が銀行やゆうちょなどにくらべ比較的安価で早くなっています。

（3）クレジットカード

外国人でも日本のクレジットカードを発行することができますが、在留期間などの条件を設けているカード会社があります。

①クレジットカード作成の条件

外国人がクレジットカードを作成するためには在留カード・住民票が必要になります。そのため、短期滞在など在留期間が短い人はクレジットカードの作成をすることはできません。また、クレジットカードの支払いは日本の銀行口座から自動引き落としとなるため日本の銀行口座が必要となります。さらに、クレジットカードの審査の際に本人確認のために電話連絡をすることがあるため、通話が可能な携帯電話が必要となります。

②申し込みに必要な書類

・本人確認書類

有効期限内の在留カード、健康保険証、パスポートなど（※補足書類として、学生証、社員証が必要となる場合もあります）

・収入を証明できる書類

給与明細書、所得証明書、確定申告書、納税通知書、源泉徴収票など

・連絡可能な電話番号

※連絡可能な電話番号を持っていないと、口座が開設できない銀行もあります。

Chapter 2

地理・観光と文化

ちり　かんこう　ぶんか

1 地理・観光

1 都道府県

都道府県は、日本の行政区画であり、都が東京都の1、道が北海道の1、府が京都府および大阪府の2、県が43で、47都道府県となります。また、(都道府)県庁所在地とは、都道府県の行政機関の本庁舎が置かれている都市のことを指します。

地方	都道府県名（都道府県庁所在地）
北海道地方	北海道（札幌市）
東北地方	青森県（青森市）岩手県（盛岡市）宮城県（仙台市）秋田県（秋田市）山形県（山形市）福島県（福島市）
関東地方	茨城県（水戸市）栃木県（宇都宮市）群馬県（前橋市）埼玉県（さいたま市）千葉県（千葉市）東京都（新宿区）神奈川県（横浜市）
中部地方	新潟県（新潟市）富山県（富山市）石川県（金沢市）福井県（福井市）山梨県（甲府市）長野県（長野市）岐阜県（岐阜市）静岡県（静岡市）愛知県（名古屋市）
近畿地方	三重県（津市）滋賀県（大津市）京都府（京都市）大阪府（大阪市）兵庫県（神戸市）奈良県（奈良市）和歌山県（和歌山市）
中国地方	鳥取県（鳥取市）島根県（松江市）岡山県（岡山市）広島県（広島市）山口県（山口市）
四国地方	徳島県（徳島市）香川県（高松市）愛媛県（松山市）高知県（高知市）
九州・沖縄地方	福岡県（福岡市）佐賀県（佐賀市）長崎県（長崎市）大分県（大分市）熊本県（熊本市）宮崎県（宮崎市）鹿児島県（鹿児島市）沖縄県（那覇市）

2 地方

日本は、1つの都と道、2つの府、43の県の合計47の都道府県があり、一般的に北海道地方、東北地方、関東地方、中部地方、近畿地方、中国地方、四国地方、九州・沖縄地方の8つに区分されます。歴史的な経緯、交通機関の発達、経済の変化、文化や住民の帰属意識などにより、地方区分は異なるケースもありますが、ここでは、8つの区分により説明します。

（1）北海道地方

日本の最北端の地域で、気候は冷帯（亜寒帯）に属し梅雨の影響をあまり受けません。気候や環境により、道北、道東、道央、道南の地域に分けられます。かつては「蝦夷地」と呼ばれ、アイヌの人々が生活をしていましたが、明治時代に政府の政策により、本州からの移住者が本格的に開拓を行いました。広大な土地や自然を生かした大規模農業が盛んで、都道府県別の農業産出額は全国１位です。とうもろこし、じゃがいも、たまねぎ、生乳、大豆などの産出額が全国１位です。

主な特産物：じゃがいも、とうもろこし、トマト、たまねぎ、牛乳、大豆、小麦

伝統工芸品：アイヌ工芸、小樽ガラス工芸、家具、ガラス、木工、オケクラフト

地域の名産：夕張メロン、白老牛、花咲ガニ、北海シマエビ、日高昆布、サケ、ウニ

（2）東北地方

東北地方の中央部を南北に走る奥羽山脈は、東北地方の６県すべてにまたがっており、太平洋側は夏に乾燥する気候で日本海側の冬は北西の季節風の影響で雪が多く降ります。青森県のりんごの生産量は全国１位（全体の約50%）であり、さくらんぼは山形県が全国１位です。農業や漁業、林業が盛んで伝統工芸も数多くつくられています。八戸（青森県）や気仙沼（宮城県）には日本有数の漁獲の水揚げ量を誇る漁港があります。三陸海岸の昆布・わかめ・カキの養殖、青森県のホタテ貝の養殖なども有名です。

主な特産物：りんご、にんにく、さくらんぼ、きゅうり、桃、サンマ

伝統工芸品：津軽塗、南部鉄器、岩谷堂箪笥、秀衡塗、玉虫塗、会津桐、こけし

地域の名産：江刺りんご、胆沢ピーマン、青森シャモロック、前沢牛、牛タン、比内地鶏、仙台セリ、西洋梨、さくらんぼ、川俣シャモ、喜多方ラーメン、稲庭うどん、笹かまぼこ、ずんだ餅、大間マグロ、秋田杉

（3）関東地方

日本最大の平野である関東平野を主とする地域で冬は乾燥した北西の季節風が吹き、晴天の続くことが多い地方です。関東地方の面積は日本の国土の約１割ですが、

日本の総人口の約３分の１が集まっています。日本の首都で政治・経済・文化の中心である東京には、多くの中央省庁や大企業の本社があります。情報通信技術(IT、ITC）産業が盛んで、サービス業が多く第３次産業の従事者の割合は、１都３県では７割以上となっています。地域内に京浜工業地帯（東京～神奈川県)、京葉工業地帯（東京～千葉県)、鹿島臨海工業地帯（茨城県南東部)、北関東工業地帯（埼玉県、栃木県、群馬県）などがあります。千葉県、茨城県の農業産出額は全国でも上位に入ります。

主な特産物：和梨、いちご、かんぴょう、こんにゃく、キャベツ、レンコン、栗、レタス、かまぼこ、マグロ、イワシ

伝統工芸品：結城紬、益子焼、桐生織、黄八丈、箱根寄木細工、江戸切子、房州うちわ

地域の名産：狭山茶、深谷ねぎ、下仁田ねぎ、落花生、羊羹、八丈フルーツレモン、葉山牛、高座豚、草加せんべい、アンコウ

（4）中部地方

飛騨山脈、木曽山脈、赤石山脈を中心に3000m級の山がつらなる日本アルプスは日本の屋根と呼ばれています。また、日本一高い山（火山）である富士山があります。気候は、太平洋側の夏の降水量が多く冬でも比較的温暖な東海地区、内陸の気候である中央高地、日本海側の冬は北西の季節風が吹き、雪が多い北陸の３つに分かれます。産業は、愛知県名古屋市を中心とした日本最大の工業地帯である中京工業地帯があり、機械類が６割以上を占めています。ほかに東海工業地帯(静岡県浜松市、富士市など)、北陸工業地帯（新潟県、富山県、石川県、福井県)、農業では、園芸農業や稲作、果樹栽培が盛んでぶどう、もも、りんごなど全国でも上位の産出量を誇り、農閑期を利用し発展した輪島塗や加賀友禅、金箔などの伝統工芸品もあります。

主な特産物：りんご、桃、ぶどう、ホタルイカ、すいか、そば、わさび、メロン、レンコン、うなぎ、サクラエビ、アユ、錦鯉、電照菊

伝統工芸品：水晶細工、美濃焼、春慶塗、美濃和紙、駿河竹千筋細工、志戸呂焼、常滑焼、瀬戸焼、眼鏡、加賀友禅、九谷焼、輪島塗、関市の刃物、岐阜ちょうちん

地域の名産：コシヒカリ（米）、越前ガニ、氷見ブリ、へしこ、ワイン、ざざむしの佃煮、加賀野菜、蒲郡みかん、飛騨牛、富有柿、木曽ひのき、鱒ずし、加賀里芋、きしめん、名古屋コーチン、ういろう

（5）近畿地方

志摩半島（三重県）のリアス式海岸や、吉野杉が有名な近畿地方南部のけわしい紀伊山地があります。滋賀県にある琵琶湖は日本最大の湖です。大阪、神戸、京都を中心に広がる大阪大都市圏（京阪神大都市圏）があります。阪神工業地帯（兵庫県、大阪府、和歌山県など）では化学や鉄鋼の割合が高くなっています。また、東大阪市など内陸部には多くの中小工場があります。奈良、大阪周辺や京都には、東京に都が遷る19世紀まで朝廷がおかれていたことからさまざまな文化が発展しました。中でも京都、奈良には伝統工芸品や世界遺産（文化遺産）が数多くあります。中心都市である大阪府は人口が全国３位、人口密度は全国２位で江戸時代は「天下の台所」といわれ、問屋街を形成していたことから卸売業の割合が高いのが特徴です。

主な特産物：海老芋、黒豆、大納言、小豆、山芋、柿、いちご、大和茶、大和野菜、ヒノヒカリ（米）

伝統工芸品：堺打刃物、清水焼、西陣織、京友禅、丹後ちりめん、信楽焼、水口細工、真珠、亀山ろうそく、釣り針、奈良墨、奈良筆、奈良晒、割り箸、大和瓦、大和銅細工、紀州漆器

地域の名産：伊勢海老、下田なす、小泉紅かぶら、杉谷とうがらし、杉谷なすび、水口かんぴょう、鮎河菜、近江牛、宇治茶、泉州なす、松阪牛、赤餅、手こね寿司、八つ橋、千枚漬け、粟おこし、イカナゴのくぎ煮、素麺、神戸牛、三田牛、但馬牛、温州みかん、三宝柑、わらび餅、南高梅

（6）中国地方

山陰、山陽（瀬戸内）の２つの地方に区分されます。山陰は中国山地より北の地域を指し、日本海側気候で冬は北西からの季節風で雪や雨が多く降ります。山陽（瀬戸内）は中国山地と瀬戸内海にはさまれた地域を指し、瀬戸内気候で年間を通

して温暖で降水量が少なく水不足になりやすいのが特徴です。瀬戸内工業地帯があり、石油化学工業や重化学工業が盛んです。本州と四国をつなぐ瀬戸大橋があります。10世紀ごろ近畿地方（畿内）にあった大和朝廷から見て、遠方の九州に対して中間に位置していたことから中国地方と呼ばれるようになりました。山陽道や瀬戸内海上交通の要地だったことから歴史的・文化的遺産が数多く残っています。産業では、カキ、カニ、シジミなどの漁業、ぶどう、もも、なし、らっきょう、メロンなどの栽培が盛んです。世界遺産には、島根県の石見銀山や、広島県の厳島神社や原爆ドームがあります。

主な特産物：なし、長芋、マスカット、桃、夏みかん、すだち、サバ、カツオ、ゆず

伝統工芸品：和紙、備前焼、萩焼

地域の名産：フグ、広島カキ、下津井タコ、日生カキ、千屋牛、出雲そば、広島レモン、吉備団子

（7）四国地方

四国山地の北側は瀬戸内海に面しており、年間を通して降水量が少ない気候です。南四国は四国山地より南の地域を指し、黒潮（日本海流）の影響で年間を通して温暖で南東の季節風、台風の影響により降水量が多いのが特徴です。温暖な気候を利用した農業が盛んで、いよかん、すだち、ゆず、ぶんたんなどの柑橘類やオリーブは全国上位の出荷量があります。弘法大師（空海）ゆかりの88か所の札所（お寺）の総称を四国八十八か所といい、これをめぐるお遍路の道のりは1200㎞から1400㎞におよびます。

主な特産物：オリーブ、すだち、いよかん、ゆず、夏みかん、カツオ

伝統工芸品：大洲和紙、伊予絣

地域の名産：鳴門わかめ、五色素麺、温州みかん、皿鉢料理、ウツボ料理、讃岐うどん、徳島ラーメン、阿波和三盆糖、祖谷そば

（8）九州・沖縄地方

沖縄南西端の島から北東の福岡県と本州を結ぶ関門海峡まで約1300㎞もの距離があり、多くの観光資源が点在しています。対馬海流と黒潮（日本海流）に面し、

阿蘇山や桜島、雲仙岳（普賢岳）などの火山が多く、地熱発電や観光資源として利用されています。また、亜熱帯の気候の南西諸島は、台風の通り道にあたり、毎年台風の影響を受けます。九州地方は稲作をはじめ、畜産、お茶、くだもの、南西諸島ではさとうきび、パイナップル、花の栽培など農業が盛んです。北九州工業地帯（福岡県）では石炭や鉄鋼の生産が盛んでしたが、エネルギー革命によりその需要は低下し、現在ではIC（集積回路）と自動車と環境技術が主となっており、九州はシリコンアイランドとも呼ばれます。沖縄県は観光業が盛んで、第3次産業の従事者の割合が高く、約80％（全国平均は70％）を占めています。

主な特産物：すいか、みかん、のり、イカ、しいたけ、かぼす、パイナップル、さとうきび、カツオ、タチウオ、たけのこ、トマト、メロン、マンゴー、ピーマン

伝統工芸品：博多織、博多人形、薩摩焼、大島紬、薩摩切子、久米島紬、琉球絣、琉球ガラス、伊万里焼、有田焼、唐津焼、箪笥、竹細工、紅型

地域の名産：八女茶、嬉野茶、ハウスみかん、茂木びわ、佐賀牛、博多ラーメン、辛子明太子、おきゅうと、ムツゴロウかば焼き、長崎ちゃんぽん、皿うどん、卓袱料理、カステラ、からすみ、辛子レンコン、馬肉、だんご汁、城下カレイ、関サバ・関アジ、中津ハモ、臼杵フグ、知覧茶、黒豚、茶美豚（ちゃーみーとん）、さつま揚げ、イモ焼酎、ムギ焼酎、かるかん、沖縄そば、海ぶどう、ゴーヤ

3 自然地形

日本は周りを海に囲まれた島国で、北海道・本州・四国・九州の4つの大きな島を中心に、計数方法にもよりますが、約7,000から約14,000の島からできています。国土面積はそれほど広くありませんが、広い範囲に離島があるため排他的経済水域の面積は約447万㎢で日本の国土の約12倍もあり、世界第6位の広さを誇ります。また、日本の森林面積は約25万㎢（＝2,500万 ha）あります。国土の面積は約37万8,000㎢（＝3,780万 ha）なので、国土のおよそ3分の2が森林です。世界の森林率の平均は約30％なので、日本は世界各国のなかでも森林にめぐまれた国土といえます。

（1）山地・山脈

日本は山地が多く、国土全体の４分の３を占めます。山がいくつか集まった地形を山地、山地が連続している地形を山脈といいます。日本列島には、まるで背骨のような山脈が連なっていて、太平洋側と日本海側とをわけています。太平洋側と日本海側をへだてる標高の高い山脈によって、それぞれの地域の気候や人々のくらしなどは大きな影響を受けています。たとえば、冬に日本海側で雪が多く、太平洋側では雪が少ないのは、湿った冷たい季節風が背骨のような山脈にぶつかって雲ができ、日本海側に雪を降らせるからです。この季節風が山脈を乗りこえて太平洋側にたどりつくころには、空気中の水分を雪として出し切ってしまい、乾いた風になるため太平洋側では雪があまり降りません。

主な山地・・・出羽山地、関東山地、紀伊山地、四国山地、中国山地、九州山地
主な山脈・・・奥羽山脈、飛騨山脈、赤石山脈、木曽山脈

【日本の高い山（順位）】

①富士山（山梨県、静岡県）標高約3,776m
②北岳（山梨県）標高約3,193m
③奥穂高岳（長野県、岐阜県）・間ノ岳（山梨県、静岡県）標高約3,190m

（2）火山・湖

日本には、活火山が111あり、世界の活火山の７％を占めています。火山活動によって川がせき止められたり、地面が陥没したところ（カルデラといいます）には水がたまって湖ができることがあります。栃木県の中禅寺湖は、男体山という火山が噴火して川をせき止めてできた湖です。北海道の洞爺湖や神奈川県の芦ノ湖は地面が陥没したカルデラに水がたまってできた湖です。また、火山のまわりにはたいてい温泉もあります。また、火山の熱水や蒸気をつかって電気を起こすことができます。それを地熱発電といいます。日本の地熱発電所は、東北地方や九州地方の火山帯に多く立地しています。

主な活火山・・・浅間山（群馬県、長野県）、御嶽山（長野県、岐阜県）、雲仙岳

（長崎県）、阿蘇山（熊本県）、桜島（鹿児島県）

【日本の大きな湖（順位）】

①琵琶湖（滋賀県）約669㎢

②霞ヶ浦（茨城県）約220㎢

③サロマ湖（北海道）約152㎢

（3）河川

日本列島は、その中央に高い山脈がそびえ、国土を太平洋側と日本海側にわけています。山脈にある川の水源から川の終点である海までの長さが短く、上流から下流への勾配が急なため、日本の川は一気に海へ流れるのが特徴です。このため、大雨が降ると、急に水量が増えて短時間で洪水の危険が高まります。

日本の雨は、6月から7月の梅雨の時期・秋の台風の時期に集中して降る傾向にあります。梅雨や台風の大雨のときには、流れる水の量が普段の時期の100倍になる川もあるそうです。しかも川の下流、平野の地域にある洪水のときの水面よりも低い土地が、日本では国土の10％を占めています。そのような地域に日本の全人口の51％、総資産の75％が集中しているため、洪水が起こると大変な被害をもたらすことになります。

【日本の長い川（順位）】

①信濃川・・・約367km

②利根川・・・約322km

③石狩川・・・約268km

（4）平野

日本の国土の平野のほとんどは、山から流れる川が運ぶ土砂が海沿いに積もってできたもので、沖積平野と呼ばれます。平らな土地である平野は、古くから農業に適しており、また人が住みやすいこともあり、人口が増えました。さらに、平らな地形は交通に適していて、工業をはじめとする産業が発達しました。このような経緯から日本の平野には人口が集中し、経済の中心となる都市が多くあります。

【日本の主な平野】

北海道・・・石狩平野、十勝平野

本州・・・・越後平野、関東平野、濃尾平野

九州・・・・筑後平野

（5）海流と海岸線

海流とは、一定の方向に流れる海水の流れのことで、暖流と寒流があります。暖流は、周辺の海水よりも高温な海流であり、日本近海では日本海流（黒潮）と対馬海流があります。プランクトンが少なく、透明度が高いのが特徴です。一方で、寒流は、周辺の海水よりも低温な海流であり、日本近海では千島海流（親潮）とリマン海流があります。プランクトンが多く、水産資源も多いのが特徴です。暖流と寒流がぶつかるところは、魚のエサとなるプランクトンが多く、両方の魚が集まることから、漁場として条件がよく、日本周辺の暖流の黒潮と寒流の親潮がぶつかる三陸海岸沖がその代表です。

また、日本の海岸線には複雑で入り組んでいるところが多く見られます。特に太平洋側で多く、山地が沈んだり、侵食されて深い湾、入り江となったリアス海岸と呼ばれる地形があり、三陸海岸や志摩半島がその代表です。

4 日本の主な観光地

（1）北海道地方

都道府県	観光地	説明
北海道	五稜郭	江戸時代の末期につくられた西洋式城郭で、星型の形状が特徴です。旧幕府軍と明治新政府軍との戦い（戊辰戦争）の最後の戦いとなった箱館戦争で旧幕府軍の本拠地となりました。

都道府県	観光地	説明
北海道	富良野のラベンダー畑	夏に湿度が低い気候や風通しの良い地形を生かしてラベンダーが栽培されています。見ごろとなる開花時期は夏です。
	知床半島	オホーツク海の南に突き出した半島です。トレッキングや観光船でのクルーズなどが人気で、冬には流氷を見ることができます。
	釧路湿原	釧路市など4市町村にまたがる広大な湿原です。トロッコ列車やカヌー、展望台、木道などから湿原の野鳥や植物を見ることができます。

北海道・釧路湿原

(2) 東北地方

都道府県	観光地	説明
青森県	白神山地	青森県と秋田県にまたがる広大な山岳地帯で、世界最大級の原生ブナ林が広がり野生動植物の貴重な生態系が保たれています。
	弘前城	弘前藩主津軽家の城として、明治維新まで津軽地方の政治の中心でした。弘前城の敷地には弘前公園があり桜の名所となっています。弘前城は東北で唯一の現存天守です。

都道府県	観光地	説明
青森県	三内丸山遺跡	約6000年から4000年前の大きな集落の跡です。発掘調査で当時の様子が明らかにされて、遺物や復元模型の見学ができます。
岩手県	小岩井農場	明治時代につくられた西洋式大規模農場で、現在も酪農がおこなわれていますが、一部は観光施設として開放されています。
	中尊寺金色堂	平安時代に建てられ、平等院鳳凰堂（京都府）と同じく浄土教の建物の代表です。中尊寺とその周辺にある寺院、遺跡は2011年に世界遺産に登録されました。
	南部曲り家	I字型の直家と違い、母屋と馬小屋をL字に配置した平屋の形状から曲り家と呼ばれています。遠野市の千葉家住宅は国の重要文化財に指定されています。
秋田県	田沢湖	日本で最も深い湖で、深さは423.4mあります。水深が深いため冬も凍らないといわれています。湖畔にはレジャースポットも多くあります。
	八幡平	秋田県と岩手県に広がる奥羽山脈系の山群です。いくつかの火山からできており、沼や湿原が点在しています。トレッキングや高山植物の観察などを楽しむことができます。
	角館	約400年ほど前につくられた武士の屋敷が立ち並び、「みちのくの小京都」といわれています。映画のロケ地になることも多くあります。

都道府県	観光地	説明
宮城県	鳴子温泉	宮城県北部に位置し、「鳴子温泉」「東鳴子温泉」「川渡温泉」「中山平温泉」「鬼首温泉」の５ヶ所の温泉地からなる一大温泉郷です。
	松島	松島湾に浮かぶ約260の島と海を囲む松島丘陵が美しい景色で、日本三景のひとつです。また松島の月は、日本百名月にも選ばれています。
	仙台城跡（青葉城）	伊達政宗が築いた城で、62万石の仙台藩主代々の居城です。天守閣はなく、現在は青葉山公園となっています。
山形県	蔵王	奥羽山脈の蔵王連峰の中にあり、スキーや温泉地で知られる観光地です。特に、冬に見られる樹氷が有名です。
	銀山温泉	江戸時代に栄えた延沢銀山の名称に由来する温泉です。NHK 連続テレビ小説『おしん』の舞台となったことで一躍有名になりました。
	立石寺	860年（貞観２年）に創建された仏教寺院です。松尾芭蕉が、俳句「閑かさや岩にしみいる蝉の声」を詠んだ場所としても有名です。
福島県	大内宿	江戸時代にできた会津若松と日光今市を結ぶ街道の宿場町です。茅葺屋根の民家が建ち並ぶ、当時のままの街並みが残っています。
	若松城（会津若松城）	徳川将軍と密接な関係にあった会津松平家の居城として、幕末に戊辰戦争の激戦地となりました。白虎隊の悲劇は明治維新のできごととして多くの日本人に知られています。

都道府県	観光地	説明
福島県	磐梯山	猪苗代湖の北にそびえる活火山で、猪苗代湖とともに磐梯朝日国立公園に指定されています。その頂の姿から会津富士と呼ばれています。

福島県・大内宿
写真提供：福島県観光復興推進委員会

（3）関東地方

都道府県	観光地	説明
茨城県	袋田の滝	日本三名瀑のひとつであり、高さ120メートル、幅73メートルの規模を誇ります。冬に滝全体が凍結する氷瀑が有名で、荘厳な景色を眺めることができます。
	筑波宇宙センター	日本の宇宙開発の中核として、最新の試験設備を備えたセンターです。人工衛星やロケットの開発、宇宙飛行士の養成などを行っています。
	偕楽園	日本三名庭園のひとつで、江戸時代の水戸藩主徳川斉昭によって造園されました。園内には3,000本もの梅の木が植えられています。

都道府県	観光地	説明
栃木県	日光東照宮	江戸幕府初代将軍徳川家康をまつる神社です。日光の社寺として世界遺産にも登録されています。建物には極彩色の装飾がほどこされ、豪華絢爛な姿を見ることができます。
	華厳の滝	日光国立公園内にある中禅寺湖の湖水が、高さ97m の岸壁を一気に落下する壮大な滝です。いろは坂、明智平とともに、観光名所となっています。
	那須高原	那須岳の南側の山麓地帯に位置する自然に囲まれたリゾート地で、国内でも有数の避暑地、別荘地でもあります。観光スポットも多く、登山やハイキング、温泉などが有名です。
群馬県	草津温泉	自然湧出量毎分３万2,300 ℓ 以上で日本一を誇る日本を代表する温泉地です。病を癒やす湯治のための温泉として有名で、湯温を下げる「湯もみ」が行われ、観光の目玉となっています。
	富岡製糸場	1872年（明治５年）に明治政府が日本の近代化のために設立した器械製糸場です。当時の日本は近代化のため資金を集める必要性があり、製糸場は質の高い生糸の輸出に貢献しました。2014年に世界遺産に登録されました。
	尾瀬ヶ原	山に囲まれた日本有数の高層の湿原で、群馬県、福島県、新潟県、栃木県の４県にまたがる尾瀬国立公園内にあります。珍しい高山植物、野鳥の観察やハイキングを楽しむことができます。

都道府県	観光地	説明
埼玉県	川越	江戸時代に城下町として栄えた町で「小江戸」ともいわれています。400年前から時を告げている「時の鐘」や本丸御殿、神社、街並みなど、江戸の風情が色濃く残っています。またうなぎも有名です。
	長瀞	秩父山地の美しい景観を眺めながら川下りを楽しむことができる渓谷です。長瀞で見ることができる岩畳は天然記念物に指定されています。
	埼玉古墳群	東日本最大の古墳群で、５世紀後半から７世紀初めごろに作られた９基の大型古墳で構成されています。2020年３月に国の特別史跡に指定されました。
東京都	浅草	浅草寺、雷門、仲見世通りを中心に江戸時代から栄える繁華街です。江戸下町の魅力が堪能でき、浅草寺、雷門は夜はライトアップされ、昼間とは別の印象を与えます。
	東京スカイツリー	自立電波塔として世界で最も高いタワーです。634mの高さは、昔の東京を含む国名である「武蔵」にちなんでいます。
	高尾山	東京西部の八王子市にある標高599mの山で、東京都心からも近く年間300万人もの観光客が訪れます。2007年には、ミシュラン・グリーン・ガイド・ジャポンで３つ星を獲得しています。

東京都・高尾山山頂から見る富士山

都道府県	観光地	説明
神奈川県	箱根	東海道の重要な峠で、江戸時代には関所や宿場がありました。名所が多く観光地として人気です。芦ノ湖のほとりに立つ赤い鳥居で知られる箱根神社や大涌谷の噴煙が立ちのぼる光景が有名です。
	横浜中華街	東アジア最大といわれるチャイナタウンで、日本では神戸、長崎とあわせて、三大中華街と呼ばれて観光スポットになっています。
	鎌倉	源頼朝が幕府を開いた鎌倉は三方を山に囲まれ、南は相模湾に面しています。鎌倉時代からの歴史を持つ神社や寺が多く残っています。
千葉県	東京湾アクアライン	神奈川県川崎市から千葉県木更津市を結ぶ全長約15kmの有料道路です。トンネルと橋架で東京湾を横断し、途中の海上パーキングエリアである「海ほたる」も有名です。
	成田	成田国際空港は、日本最大の国際拠点空港で現在3つの旅客ターミナルがあります。近くには成田山新勝寺があり江戸時代の歌舞伎役者・初代市川團十郎ゆかりの地としても有名です。
	九十九里浜	房総半島の東岸に広がる砂地の海岸です。全長は約60kmあり、弓状の形をしています。サーフィンのポイントとして人気が高く、海岸近くには海産物を食べるお店も多くあります。

（4）中部地方

都道府県	観光地	説明
新潟県	佐渡島	かつては流刑の地とされ、京都から伝えられた文化と土着文化が混ざり合った独特の文化が発達しました。また、トキの保護や江戸時代に豊富な産出量を誇った金山跡が有名です。
	スキー場	冬の積雪が多い新潟県には数多くのスキー場があります。中でも湯沢地区の苗場スキー場は標高が高く雪の質がよいため人気があります。
	越後湯沢温泉	情緒あふれる温泉町で、川端康成の代表作「雪国」の舞台でもあります。魚沼産コシヒカリなど、米どころとしての郷土料理や日本酒も有名です。
富山県	黒部ダム	日本が高度成長する上での電力不足を補うために関西電力によって建設され、1963年に完成した日本最大級のダムです。建設の厳しさを主題とした映画もあります。
	砺波チューリップ公園	毎年春に開催されるチューリップの花の祭典が有名です。300万本を誇るチューリップは圧巻です。
	立山黒部アルペンルート	富山県と長野県を結ぶ山岳観光ルートです。標高3,000m 級の山々が連なる北アルプスを乗り物を乗り継ぎ横断する総延長は37.2km で、標高差は約2,000m あります。
石川県	ひがし茶屋街	昔ながらの家屋や石畳が続く古い街並みで金沢文化を代表する観光地です。「茶屋」とは、芸妓が三味線や踊りで裕福な商人などもてなす店のことです。

都道府県	観光地	説明
石川県	兼六園	日本三名園のひとつに数えられる、金沢市にある池泉回遊式庭園です。湿度を含む雪の重みから木の枝を守るために冬を迎える前に「雪つり」が行われます。
	和倉温泉	能登半島南部の海沿いにある、1,000年以上の歴史をもつ温泉です。高温で湯量が豊富な源泉は透明で塩分が含まれています。江戸時代から多くの湯治客が訪れ、多くの旅館、ホテルがあります。
福井県	東尋坊	日本海の浸食によって形作られた、景色の良さで知られる海からの高さ約25mの垂直の崖です。国の天然記念物および名勝に指定されています。
	永平寺	曹洞宗の中心寺院（大本山）で鎌倉時代に道元により建てられました。70以上のお堂と楼閣があり、多くの修行僧が、「動の坐禅」といわれる厳しい修行に励んでいます。
	福井県立恐竜博物館	日本最大級の恐竜博物館で、恐竜や地球の歴史を学ぶことができます。地質古生物学専門の博物館として世界的にも有名です。
山梨県	富士五湖	富士山のふもとにある５つの湖の総称です。本栖湖、精進湖、西湖、河口湖、山中湖の５つで富士箱根伊豆国立公園に指定されています。
	富士山	静岡県と山梨県にまたがる活火山で、標高3,776mの日本で最も高い山です。古くから神として敬意をもたれ、登山客も多く訪れます。
	昇仙峡	「日本一の渓谷美」といわれ、清流と花崗岩の断崖が有名な渓谷です。国の特別名勝に指定されています。

都道府県	観光地	説明
長野県	善光寺	約1400年前に創設されたとされる無宗派の寺院です。本尊は日本最古の仏像といわれる一光三尊阿弥陀如来です。「一生に一度は善光寺参り」と江戸時代から多くの人が参詣する由緒ある寺院です。
	上高地	山岳景勝地として有名で特別名勝と特別天然記念物に指定されている山合いの平地です。気軽に自然を楽しめるトレッキングの場所として人気で、最近では海外からの観光客も増えています。
	松本城	松本市にあり、戦国時代に築城された深志城が始まりとされます。黒い景観から烏城と呼ばれています。五重六階の天守が現存しており、国宝に指定されています。
岐阜県	白川郷	白川郷の合掌造り集落は富山県の五箇山とあわせて1995年に世界遺産に登録されました。茅葺屋根の家が点在する山村の景色は、まさに日本の原風景として観光名所となっています。
	飛騨高山	江戸時代からの城下町と商家街の姿が残されている情緒のある町です。江戸時代には徳川幕府の直轄地として繁栄しました。その名残である高山陣屋は国指定史跡です。
	長良川の鵜飼	鵜を使って魚を獲る漁法を鵜飼といいます。鵜飼は1300年以上の歴史ある漁法で、現在は観光の対象として多くの人を魅了しています。
静岡県	白糸の滝	静岡県富士宮市にある滝。富士山の湧水が約150mにわたる崖から流れ出ており、日本の滝百選にも選ばれています。

都道府県	観光地	説明
静岡県	登呂遺跡	約2,000年前の弥生時代の人々の生活や歴史を知ることができる遺跡。水田や井戸の跡、高床式倉庫、竪穴式住居跡や、農具や火おこしの道具など生活に使われていたと思われるものが数多く出土した遺跡です。
	大井川鐵道	島田市の金谷駅を起点に、大井川をさかのぼるように走るローカル鉄道。観光列車に力を入れており、新金谷駅から川根温泉笹間渡駅の区間では、蒸気機関車（SL）を運行しています。
愛知県	名古屋城	徳川家康が築き、江戸時代の民謡に「尾張名古屋は城でもつ」とうたわれた名城です。天守の屋根に乗る金のシャチホコが有名です。
	犬山城	室町時代に織田信康により建てられました。木曽川のほとりの小高い山の上にあり、天守は1537年（天文６年）頃に建築された現存する日本最古の木造天守です。
	熱田神社	日本神話に登場する三種の神器のひとつである「草薙神剣」をまつっています。織田信長が桶狭間合戦の前に戦勝祈願したことでも知られています。

愛知県・名古屋城と名古屋のまち並み
写真提供：名古屋城総合事務所

(5) 近畿地方

都道府県	観光地	説明
三重県	伊勢神宮	日本で最も位の高い神社とされています。天照大御神をまつる皇大神宮（内宮）と衣食住の守り神である豊受大御神をまつる豊受大神宮（外宮）があります。各地から伊勢神宮まで参拝に行くことを「お伊勢参り」といいます。
	志摩半島	伊勢湾、熊野灘、遠州灘に突き出したリアス海岸の半島です。小さな島・岬・入り江が多く、海苔やカキ、真珠の養殖が行なわれています。
	鈴鹿サーキット	F1日本グランプリの開催地として知られ、レース時には毎年全国、全世界から多くの観光客が集まります。近くには遊園地なども併設され、モビリティリゾートを形成しています。
滋賀県	琵琶湖	滋賀県の中央に位置し県全体の約６分の１の面積を占める日本最大の湖です。100万年以上前から存在する古代湖のひとつとされています。周辺ではサイクリング観光が推進されています。
	比叡山延暦寺	平安時代初期に最澄により開かれた日本天台宗の本山寺院で、高野山金剛峯寺とならんで平安仏教の中心でした。古都京都の文化財の一部として世界遺産に登録されています。
	彦根城	天下の名城の一つに数えられる彦根城は江戸時代初期に、井伊氏の拠点として完成しました。現存12天守のひとつであり、天守は国宝に指定されています。
京都府	天橋立	日本三景のひとつで、約20m～170mの幅の砂洲が約3.7kmの長さにのびていて、まるで天にかかる橋のように見えることから名前がつけられました。

都道府県	観光地	説明
京都府	嵐山	渡月橋や竹林の道、嵯峨野トロッコ列車など、京都の見どころ満載のエリアです。大覚寺や天龍寺、常寂光寺など、京都を代表する寺院もあります。
	清水寺	京都を代表する寺院のひとつで、「清水の舞台」で知られています。奈良時代末期の約1250年前に開創され、修学旅行などでも多くの人が訪れる観光地です。
大阪府	道頓堀	大阪市中央区の道頓堀川沿いに広がる繁華街です。さまざまなジャンルの飲食店が集まる「くいだおれ」の街を代表する場所です。
	大阪城	豊臣秀吉によって豪華な城として築かれました。大坂夏の陣で豊臣氏が滅ぶと同時に焼失しましたが、後に江戸幕府により再建されました。
	四天王寺	1400年以上前に聖徳太子により建てられました。本尊は救世観音菩薩で、建物の配置は四天王寺式伽藍配置といい、日本最古の建築様式のひとつです。
兵庫県	姫路城	江戸時代初期に築城され、その優美な姿から別名白鷺城とも呼ばれています。日本で初の世界文化遺産に法隆寺とともに登録されています。
	淡路島	瀬戸内海で最大の島であり、温暖な瀬戸内海気候で花の島とも呼ばれています。明石海峡大橋で本州と、大鳴門橋で四国と結ばれています。
	阪神甲子園球場	プロ野球の阪神タイガースの本拠地であり、高校野球全国大会の舞台でもあります。春と夏には、全国の高校球児がこの球場で熱戦を繰り広げ、高校野球の聖地とされています。

都道府県	観光地	説明
奈良県	法隆寺	聖徳太子ゆかりの寺院であり、創建は607年（推古15年）とされています。西院の伽藍は現存する世界最古の木造建築物です。
	東大寺	仏教の力で国を治めようとした聖武天皇により建てられた寺院です。大仏殿の中には、東大寺の本尊の大仏が鎮座しています。
	吉野山	日本を代表する桜の名所として知られています。３万本ともいわれる桜によって春には山全体が美しく彩られ、多くの和歌に詠まれています。
和歌山県	熊野古道	平安時代中頃から室町時代まで盛んに行われた熊野三山への参詣のための道を熊野古道といいます。古道には、樹齢800年を超す大樹や、江戸時代に敷かれた石畳なども見られます。
	高野山	真言密教の聖地で、山内はすべて金剛峯寺の境内となっています。明治時代初めまで女性は立ち入りを禁じられており、修禅の道場としての格を持っていました。
	那智の滝	ほぼ垂直の断崖を水が落下する滝です。滝つぼまでの落差は133m あり、高さ・水量ともに日本一を誇り、信仰の対象ともなっています。

京都府・天橋立（あまのはしだて）

（6）中国地方

都道府県	観光地	説明
鳥取県	境港	境港市にある境港は、カニの水揚げが多い漁港として有名です。また、貨物の取り扱いも多く、フェリーも発着する中国地方を代表する港です。
	鳥取砂丘	南北2.4km、東西16kmに広がる日本最大級の砂丘です。ラクダに乗ってゆったりと過ごしたりパラグライダーなどを楽しむことができます。
	大山	標高約1,709mの中国地方の最高峰です。夏にはハイキング、登山、冬にはスキー場として、一年中自然を満喫することができます。
島根県	津和野	津和野には江戸時代に城下町として栄えた古都の風情が残り、「山陰の小京都」と呼ばれています。白い鷺の姿で人が舞う「鷺舞」の神事や、たくさんの赤い鳥居が並ぶ「太皷谷稲成神社」などが有名です。
	出雲大社	縁結びの神社として広く知られています。旧暦10月に全国の神様が出雲大社に集まるといわれています。そのため、旧暦10月のことを、他の土地では神様が不在になる「神無月」といいますが、出雲では「神在月」と呼びます。
	松江城	現存する12天守のひとつであり国宝指定された5つの城のひとつです。江戸時代初期に完成したといわれています。松江城近隣には武家屋敷や小泉八雲旧居、松江歴史館などがあります。

都道府県	観光地	説明
岡山県	倉敷美観地区	倉敷市の中心にあり、白壁と瓦屋根などの風情ある建物が軒を連ねる街並保存地区です。大原美術館やカフェに加え、「倉敷デニム」などの倉敷ブランドや伝統工芸である「倉敷ガラス」など多数のお店があります。
	後楽園	江戸時代前半につくられた庭園で、国の特別名勝に指定されています。岡山城や周辺の山が背景として庭園の風景に取り込まれており、四季折々の花を楽しむことができます。
	瀬戸大橋	岡山県と香川県を直結する本州四国連絡橋のひとつで、瀬戸内海の多くの島を渡る橋の総称です。道路と鉄道の併用ルートとしては世界最大規模を誇ります。
広島県	厳島神社	「安芸の宮島」として知られる厳島にある神社です。平安時代末期に平清盛により社殿が整えられました。高さが約16mある大鳥居や社殿の朱色が青い海の上でひときわ映えます。
	原爆ドーム	広島市に投下された原子爆弾の悲惨さを伝える記念碑として、1996年に世界文化遺産に登録されました。
	尾道	平地が少なく「坂の街」と呼ばれています。多くの映画の舞台となり、昭和を思い起こさせるレトロな街並みが続きます。尾道ラーメンや猫の細道なども知られています。

都道府県（とどうふけん）	観光地（かんこうち）	説明（せつめい）
山口県（やまぐちけん）	萩城下町（はぎじょうかまち）	萩（はぎ）は、長州藩（ちょうしゅうはん）の毛利家（もうりけ）の城下町（じょうかまち）として発達（はったつ）しました。周辺（しゅうへん）には幕末（ばくまつ）に志士（しし）を多（おお）く育（そだ）てた吉田松陰（よしだしょういん）の松下村塾（しょうかそんじゅく）や武家屋敷（ぶけやしき）などの史跡（しせき）も多（おお）く残（のこ）り、町全体（まちぜんたい）が歴史博物館（れきしはくぶつかん）のようです。
	錦帯橋（きんたいきょう）	岩国市（いわくにし）の錦川（にしきがわ）にかかる５連（れん）の構造（こうぞう）からなる木造（もくぞう）の橋（はし）です。中央（ちゅうおう）の３連（れん）は橋（はし）げたのないアーチ橋（きょう）です。江戸時代（えどじだい）につくられており、組木（くみき）の建築技術（けんちくぎじゅつ）や構造物（こうぞうぶつ）としても歴史的価値（れきしてきかち）の高（たか）い橋（はし）です。
	秋吉台（あきよしだい）	約（やく）３億（おく）５千年前（せんねんまえ）から形成（けいせい）されてきた石灰岩（せっかいがん）が地表（ちひょう）に現（あらわ）れた日本最大級（にほんさいだいきゅう）のカルスト台地（だいち）です。地下（ちか）には鍾乳洞（しょうにゅうどう）が広（ひろ）がり、最（もっと）も大（おお）きい秋芳洞（しゅうほうどう）は夏（なつ）も涼（すず）しく、人気（にんき）の観光（かんこう）スポットとなっています。

鳥取県・鳥取砂丘

（7）四国地方（しこくちほう）

都道府県（とどうふけん）	観光地（かんこうち）	説明（せつめい）
徳島県（とくしまけん）	祖谷（いや）のかずら橋（ばし）	祖谷川（いやがわ）に架（か）けられたかずら橋（ばし）は、水面（すいめん）から14mの高（たか）さにかけられた橋（はし）で、シラクチカズラというつる植物（しょくぶつ）を編（あ）んで作（つく）られています。平家（へいけ）の落人（おちうど）が作（つく）ったのがはじまりという伝承（でんしょう）も残（のこ）っています。

都道府県	観光地	説明
徳島県	うず潮	うず潮とは、海面を激しい勢いで波が渦巻く自然現象です。潮の満ち引きの差が大きい、狭い海峡で発生します。鳴門のうず潮は、世界三大潮流のひとつともいわれ、見学のための観潮船もあります。
	阿波踊り	徳島県は、昔は阿波の国と呼ばれていました。江戸時代から現在に至るまで毎年お盆の時期に開催される祭りで、「踊る阿呆に見る阿呆～」の歌も知られています。
香川県	小豆島	瀬戸内海東部の島でオリーブの栽培が盛んです。年間降水量が少なく温暖な瀬戸内の気候を利用して島の特産品となっています。
	金刀比羅宮	「こんぴらさん」の名で知られる神社で、古くから航海の安全や豊漁祈願、五穀豊穣、商売繁盛、病気平癒などにご利益があるとして、人々に信仰されてきました。
	栗林公園	江戸時代の高松藩主の別邸で6つの池と13の築山が配置された大名庭園です。国の特別名勝に指定されています。
愛媛県	松山城	日本で12か所しか残っていない江戸時代以前に建てられた天守がある城のひとつです。天守からは松山市内を一望することができます。
	道後温泉	日本の温泉の中で最も古い歴史をもつ温泉のひとつです。夏目漱石の小説の舞台としても有名です。

都道府県	観光地	説明
愛媛県	しまなみ海道	西瀬戸自動車道という高速道路の愛称で、本州・広島県尾道市と四国・愛媛県今治市の８つの瀬戸内海の島を結ぶ架橋ルートです。しまなみ海道には、自動車だけではなく徒歩や自転車用の通路が整備されていて、すばらしい景色を楽しむことができるサイクリングコースとして知られ、海外からもサイクリストが訪れます。
高知県	高知城	江戸時代初期に土佐藩主山内家の居城として築城されました。日本国内に残る木造の12天守のひとつであり、三層六階の天守閣や追手門の建物は国の重要文化財です。
	桂浜	高知市の南部にある砂浜できれいな弓の形をしています。松と海、砂の調和が美しく、「月の名所」として知られています。また、幕末の志士、坂本龍馬の銅像があります。
	四万十川	四国で最も長い（196km）川である四万十川は水のきれいな「清流」としても知られ、川下りで景色を楽しむ、観光屋形船もあります。

徳島県・阿波踊り

（8）九州・沖縄地方

都道府県	観光地	説明
福岡県	福岡市	博多湾に面する福岡市は、九州の政治、経済、文化の中心都市です。また、アジア諸国との距離が近いことから、古くから外国と交流してきた歴史を持つ国際都市でもあります。
	柳川	柳川城のお堀を船でめぐる川下りや、白壁の建物、柳川藩立花家の別邸である「御花」や、詩人北原白秋の生家など観光名所が並びます。ウナギの特産地としてウナギ料理店も多くあります。
	大宰府天満宮	平安時代の学者である菅原道真をまつる神社です。学問の神様として有名で、多くの観光客が訪れます。梅の花の名所としても知られています。
佐賀県	伊万里・有田	約400年前、朝鮮半島から伝わった技術を用いて、日本で初めて有田で磁器が焼かれたといわれています。この磁器は伊万里港から積み出されたため、江戸時代には「伊万里焼」とも呼ばれていました。
	有明海	有明海は干満差（満潮時と干潮時の海面の差）が日本一といわれる海で、干潮時には広大な干潟が出現します。ムツゴロウをはじめとする干潟生物が多く生息しています。
	吉野ヶ里遺跡	弥生時代の大規模な環濠集落の遺跡です。竪穴式住居や食料を保管する高床倉庫、墓、土器など多数の遺物が発掘されました。

都道府県	観光地	説明
長崎県	軍艦島	長崎市にある端島という無人島の通称です。かつては炭鉱で栄え、たくさんの人が住んでいました。「明治日本の産業革命遺産」のひとつとして、世界遺産に登録されています。
	平和公園	原子爆弾により被害を受けた長崎市に、原子爆弾の悲惨さを訴え、世界平和を祈るためにつくられた公園です。
	大浦天主堂	日本に現存するキリスト教建築物としては最古で、正式には、「日本二十六聖殉教者聖堂」といいます。江戸時代末期に26人の殉教者たちが聖人に列せられたのを受けて捧げられた教会です。
熊本県	熊本城	江戸時代初期に加藤清正により築城されました。銀杏城とも呼ばれます。下部は勾配が緩やかで上部は急になる武者返しと呼ばれる石垣が特徴です。
	阿蘇山	外輪山と中央火口丘からなる活火山です。外輪山の内側のカルデラは世界最大級です。カルデラ内の中央火口丘のうち、根子岳、高岳、中岳、杵島岳、烏帽子岳は阿蘇五岳と呼ばれています。
	天草	天草諸島は、キリシタン信仰に縁が深い地域です。2018年に世界文化遺産「長崎と天草地方の潜伏キリシタン関連遺産」の構成資産のひとつである﨑津集落があります。
大分県	宇佐神宮	全国に４万以上ある八幡宮の総本宮で、八幡大神（応神天皇）・比売大神・神功皇后がまつられています。８世紀に創建され、古い歴史と伝統を受け継いでいます。

都道府県	観光地	説明
大分県	別府温泉	市内にある2つの活火山の恩恵を受け、源泉数・湧出量ともに日本一を誇る温泉です。海地獄や血の池地獄など特徴のある温泉を見物する地獄めぐりも人気です。
	臼杵石仏（磨崖仏）	平安時代後期から鎌倉時代にかけて彫刻されたといわれており、その数、質ともに日本を代表する石仏群として国宝に指定されています。
宮崎県	高千穂峡	高千穂は日本神話において、神が降り立ったとされる場所です。平均約80mの断崖が続く峡谷で、神秘的な雰囲気を味わうことができます。
	霧島神宮	高千穂の峰を霊峰とする、6世紀に創建されたとされる古い歴史を有する神社です。坂本龍馬が日本最初といわれる新婚旅行で訪れた神社といわれています。
	日南海岸	宮崎市の南部から約80kmにわたる海岸の総称で、沿道にはヤシの木が植えられています。鵜戸神宮など神話の世界を物語る見どころもあります。
鹿児島県	桜島	鹿児島市街の正面、錦江湾に浮かぶ活火山です。以前は島でしたが、大正時代に流れ出た溶岩により、大隅半島と陸続きになりました。
	屋久島	島全域がほぼ山で、屋久杉の森で知られています。中でも縄文杉は樹齢7200年との説もあります。トレッキングなど多くのツアーが用意されています。
	種子島宇宙センター	日本の人工衛星打ち上げの中心的役割を担うロケット発射場です。岬の突端近くに発射台があり、世界一美しいロケット発射場ともいわれることがあります。

都道府県	観光地	説明
沖縄県	国際通り	那覇市にある約1.6kmの通りの名称です。土産物店や沖縄料理店が立ち並び、国内外からの観光客が買い物や食事を楽しんでいます。
	平和祈念公園	第二次世界大戦の沖縄戦終了の地である糸満市にあります。戦争の資料を展示した平和祈念資料館や、亡くなった人の氏名を刻んだ平和の礎などがあります。近くには、ひめゆりの塔もあります。
	首里城跡	沖縄がかつて琉球王国（1429年～1879年の450年間）であった時代の政治・経済・文化の中心です。2019年10月31日の火災により現在は、正殿などは未開園区域となっています。

大分県・別府地獄めぐり（白池地獄）
写真提供：公益社団法人ツーリズムおおいた

5 世界遺産

世界遺産とは、国連の専門機関の一つであるユネスコによる「世界遺産条約」に基づく、顕著な普遍的価値をもつ建物や遺跡、自然、景観などを保護し、後世に伝えていく国際的な活動です。文化財などを対象とするものを「文化遺産」、地形や生態系などを対象とするものを「自然遺産」といい、この２つの価値を持つものを「複合遺産」といいます。2023年５月時点では世界遺産として、文化遺産が900件、自然遺産が218件、複合遺産が39件あり、うち日本では、文化遺産20件、自然遺産５件、あわせて25件が登録されています。

（１）日本の世界遺産（自然遺産）

①屋久島

1993年登録　所在地：鹿児島県

屋久島は、島の中央部に九州でもっとも高い山である宮之浦岳（1,936m）がそびえ、樹齢1000年を超える屋久杉が美しい自然景観を生み出しています。亜熱帯植物から亜寒帯植物が海岸線から山頂へと連続的に分布する植生の垂直分布がみられること、貴重な自然が多く残されていることなどが評価されました。

縄文杉（屋久島）
写真提供：九州観光機構

②白神山地

1993年登録　所在地：青森県、秋田県

人の手がほとんど入っていない原生的なブナ林が東アジア最大級の規模で分布し、多様な植物群落がみられます。ブナ林にはすぐれた保水能力があり「緑のダム」とも呼ばれます。ツキノワグマ、ニホンカモシカ、クマゲラなどの動物が生息しています。全体の面積は13万 ha でそのうち１万７ha（169.1km）が世界遺産に登録されています。

白神山地のブナ林

日本の世界遺産一覧

	種別	名称	登録年
①	自然遺産	屋久島	1993年
②	自然遺産	白神山地	1993年
③	自然遺産	知床	2005年
④	自然遺産	小笠原諸島	2011年
⑤	自然遺産	奄美大島、徳之島、沖縄島北部及び西表島	2021年
⑥	文化遺産	法隆寺地域の仏教建造物	1993年
⑦	文化遺産	姫路城	1993年
⑧	文化遺産	古都京都の文化財（京都市、宇治市、大津市）	1994年
⑨	文化遺産	白川郷・五箇山の合掌造り集落	1995年
⑩	文化遺産	原爆ドーム	1996年
⑪	文化遺産	厳島神社	1996年
⑫	文化遺産	古都奈良の文化財	1998年
⑬	文化遺産	日光の社寺	1999年
⑭	文化遺産	琉球王国のグスク及び関連遺産群	2000年
⑮	文化遺産	紀伊山地の霊場と参詣道	2004年
⑯	文化遺産	石見銀山遺跡とその文化的景観	2007年
⑰	文化遺産	平泉—仏国土（浄土）を表す建築・庭園及び考古学的遺跡群—	2011年
⑱	文化遺産	富士山—信仰の対象と芸術の源泉	2013年
⑲	文化遺産	富岡製糸場と絹産業遺産群	2014年
⑳	文化遺産	明治日本の産業革命遺産　製鉄・製鋼、造船、石炭産業	2015年
㉑	文化遺産	ル・コルビュジエの建築作品—近代建築運動への顕著な貢献—	2016年
㉒	文化遺産	「神宿る島」宗像・沖ノ島と関連遺産群	2017年
㉓	文化遺産	長崎と天草地方の潜伏キリシタン関連遺産	2018年
㉔	文化遺産	百舌鳥・古市古墳群—古代日本の墳墓群—	2019年
㉕	文化遺産	北海道・北東北の縄文遺産群	2021年

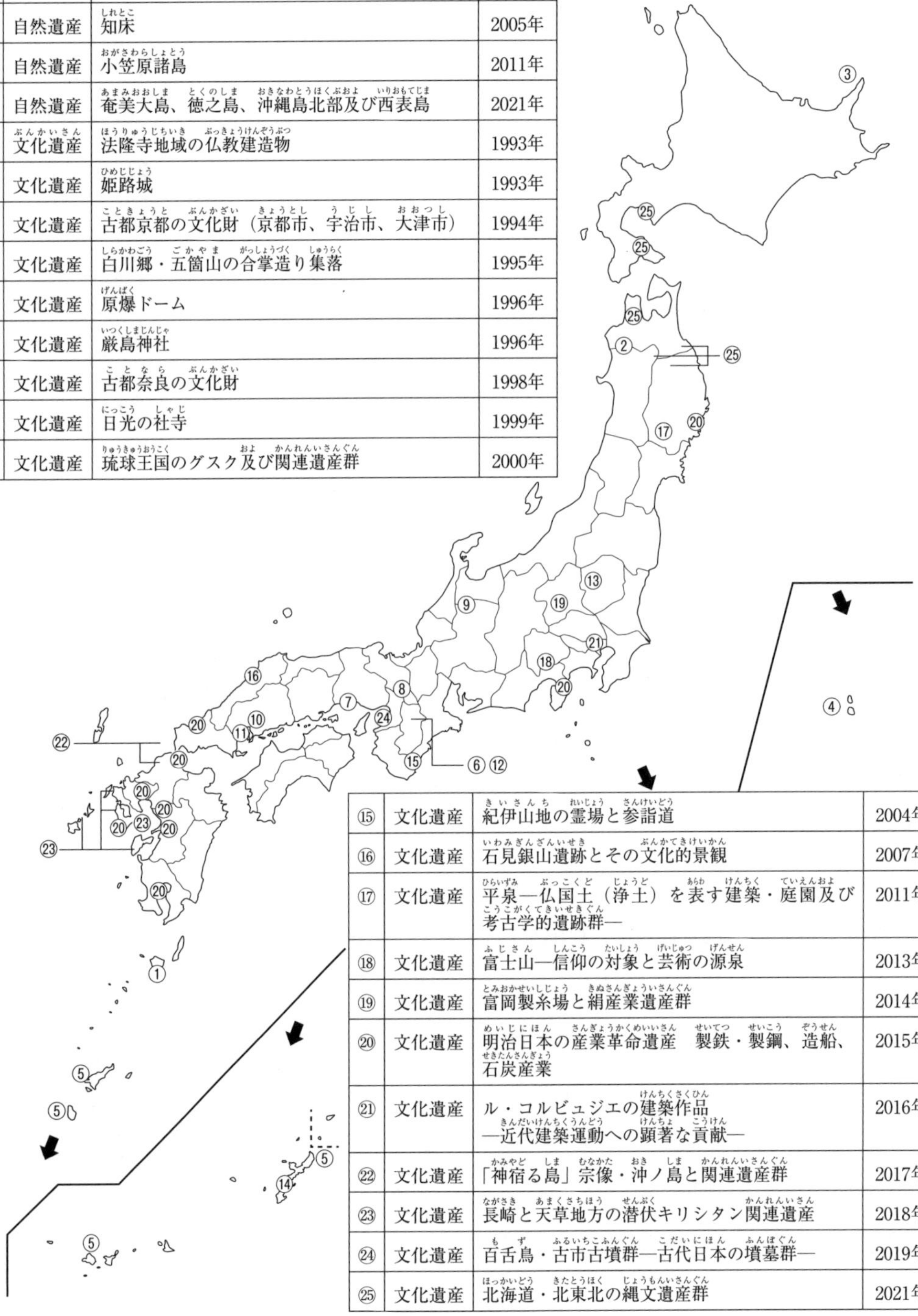

③知床

2005年登録　所在地：北海道

知床半島

知床は、季節海氷（流氷）が接岸する北半球の最南端に位置しており、海と陸の生物がかかわりあう独自の生態系を見ることができる貴重な自然環境を持つ地域です。多彩な自然環境は、生物の多様性にとって重要な地域であり、国際的希少種の生息地や越冬地にもなっています。

④小笠原諸島

2011年登録　所在地：東京都

南島（小笠原諸島）

本州からおよそ1,000㎞離れた小笠原諸島は、一度も大陸とつながったことのない海洋島であるため、島にたどりついた生物だけが独自に進化した特異な生態系が見られます。登録地域は、太平洋上に点在する30余の島々からなる地域です。

⑤奄美大島、徳之島、沖縄島北部及び西表島

2021年登録　所在地：鹿児島県、沖縄県

奄美大島、徳之島、沖縄島北部及び西表島は、大陸からの分離などを経て、生物が独自に進化した地域です。温暖・多湿な気候で、面積が日本の国土面積の0.5%にも満たないにもかかわらず、固有種や国際的に重要な絶滅危惧種が多く生息・生育し、アマミノクロウサギ、ヤンバルクイナ、イリオモテヤマネコなど、多様な生物がみられます。

（2）日本の世界遺産（文化遺産）

⑥法隆寺地域の仏教建造物

1993年登録　所在地：奈良県

法隆寺は、607年（推古15年）ころに聖徳太子と推古天皇により建立された寺院です。法隆寺の西院伽藍には、日本最古の塔である五重塔や、仏像がまつられている金堂などがあり、世界最古の木造建築群として世界的に有名です。人類の創造的才能を表す傑作であること、日本の宗教建築に大きな影響を及ぼしたことなどが評価され、日本初の世界遺産として登録されました。

⑦姫路城

1993年登録　所在地：兵庫県

江戸時代初期にほぼ今日の形となった城郭で、およそ400年にわたって当時のままの状態で残っています。日本独自の城郭構成を表す代表的な城で、白壁で統一された優美な外観から白鷺城とも呼ばれています。姫路の市街は、第二次世界大戦時の大規模な空襲により、大変な被害を受けましたが、姫路城は奇跡的に焼失しませんでした。近年、大規模な修理が施され、築城時の白い外壁が復元されました。

姫路城
写真提供：姫路市

⑧古都京都の文化財（京都市、宇治市、大津市）

1994年登録　所在地：京都府、滋賀県

京都は、794年（延暦13年）から1868年（明治元年）にかけて天皇が居所を置く日本の都とされた都市です。京都の長い歴史には何度も戦乱の時代があり、建物の多くは火災に見舞われ、その都度再興されました。しかし、周辺の山麓部は被害を免れて、現在でも古い寺院や山荘、庭園が多数残されています。京都は建造物と庭園設計の進化においても日本の中心地であり、清水寺、銀閣寺、金閣寺など17の寺社が、普遍的な芸術性、歴史的価値、他に例を見ない景観として高く評価されました。

⑨白川郷・五箇山の合掌造り集落

1995年登録　所在地：岐阜県、富山県

岐阜県の白川郷と富山県の五箇山の集落に残る合掌造りは、豪雪地帯に見られる大きな三角形の屋根が特徴の伝統的な住宅です。農業に不向きな地域のため、屋根裏が養蚕、紙すきなどの作業場として使われました。周辺の自然環境とともに独自の景観が保たれています。

白川郷・冬の合掌造り集落
写真提供：岐阜県白川村役場

⑩原爆ドーム

1996年登録　所在地：広島県

第二次世界大戦末期の1945年（昭和20年）８月６日、史上初めて使用された原子爆弾の悲惨さを今日に伝え、核兵器の廃絶と平和の大切さを全世界に訴えるために登録されました。もとは、「広島県産業奨励館」という西洋風の建物で、中央にそびえる半球型のドームの鉄骨が残っています。

原爆ドーム
写真提供：公益財団法人広島観光コンベンションビューロー

⑪厳島神社

1996年登録　所在地：広島県

６世紀末に建てられた神社で、平安時代に平清盛が一族の繁栄を祈願して修造しました。厳島神社のある宮島は、古代より島そのものが神として信仰の対象とされてきました。海上に建つ鳥居と背景の弥山原始林と一体となった景観は他に類がなく、「日本三景」のひとつとされています。

⑫古都奈良の文化財

1998年登録　所在地：奈良県

奈良は710年（和銅３年）から784年（延暦３年）まで日本の都でした。その宗教文化、海外との文化交流などを伝える東大寺、興福寺、薬師寺などの建造物が登録されました。東大寺の高さ約15mの大きな仏像は「奈良の大仏」と呼ばれ、多くの人に親しまれています。

⑬日光の社寺

1999年登録　所在地：栃木県

日光では、仏教と神道が融合した独自の信仰がはぐくまれてきました。徳川家康をまつる日光東照宮や日光山輪王寺、日光二荒山神社は自然環境と一体となった宗教空間を作りあげています。

⑭琉球王国のグスク及び関連遺産群

2000年登録　所在地：沖縄県

14世紀ごろから18世紀末につくられた城などの史跡群で、グスクとは城のことを指します。琉球王国は東南アジア、中国、朝鮮半島、日本などをつなぐ経済的、文化的交流の中心地となり、国際色豊かな文化を繁栄させていました。

今帰仁城跡

⑮紀伊山地の霊場と参詣道

2004年登録　所在地：和歌山県、奈良県、三重県

標高1,000mを超える山脈が縦横に走り、紀伊半島の大部分を占める紀伊山地は、古代から神仏の宿る聖域とされた地で、吉野・大峯、熊野三山、高野山の３つの山岳霊場と参詣道は、日本の宗教や文化の発展に大きな影響を及ぼしました。建造物だけでなく、紀伊山地の豊かな自然も含めた景観が評価されました。

熊野古道（中辺路 大雲取越 丸石）
写真提供：公益社団法人
和歌山県観光連盟

⑯石見銀山遺跡とその文化的景観

2007年登録　所在地：島根県

戦国時代後期から江戸時代前期にかけて最盛期を迎えた日本最大の銀の鉱山である石見銀山の遺構と周辺の街並みなどが登録されています。ガイドツアーに参加すると、「坑道」という地中の穴に入って、江戸時代に銀を採掘した跡を間近に見ることができます。

⑰平泉―仏国土（浄土）を表す建築・庭園及び考古学的遺跡群―

2011年登録　所在地：岩手県

平安時代末期、奥州藤原氏の拠点だった平泉には９世紀に創建された中尊寺などがあります。中尊寺の金色堂は内外に金箔があしらわれた建築物です。登録された構成資産には、当時の浄土信仰が反映されています。

⑱富士山―信仰の対象と芸術の源泉

2013年登録　所在地：山梨県、静岡県

日本の象徴でもある富士山は、古くから人々の信仰の対象として崇拝されるとともに、文学や美術などの芸術の題材となってきました。富士山とその周辺の神社や湖など、あわせて25か所が登録されました。

富士山

⑲富岡製糸場と絹産業遺産群

2014年登録　所在地：群馬県

明治時代の初め、生糸は日本にとって重要な輸出品でした。政府はフランスの技術を取り入れた富岡製糸場を建設し、高品質の生糸を大量につくることができるようになったことで外国との貿易がより盛んになりました。生糸の生産性を高めた技術力とそれにより世界の絹産業発展に貢献したことが評価されました。

⑳明治日本の産業革命遺産 製鉄・製鋼、造船、石炭産業

2015年登録　所在地：山口県、福岡県、佐賀県、長崎県、熊本県、鹿児島県、岩手県、静岡県

西洋技術と日本の伝統文化を融合させ、1850年代から1910年ころ（幕末～明治時代）までに急速な発展をとげた炭鉱、鉄鋼業、造船業に関する文化遺産で、非西洋地域で初めて、約50年間という短期間で飛躍的な経済的発展をなし遂げたことを示す産業遺産群が、歴史上の重要な段階を物語る優れた科学技術の集合体である点が評価されました。

軍艦島（端島）
写真提供：九州観光機構

㉑ル・コルビュジエの建築作品―近代建築運動への顕著な貢献―

2016年登録　所在地：東京都

ル・コルビュジエは、20世紀の近代建築発展に大きく貢献したスイス人建築家です。7か国にあるル・コルビュジエの17作品が登録されており、東京・上野にある国立西洋美術館もその中のひとつです。複数の国にある遺産が一つの世界遺産として登録されるケースがありますが、ル・コルビュジエの建築作品はこれに該当します。国立西洋美術館は、西洋美術に関する作品を広く展示する美術館として、1959年（昭和34年）に開館しました。

㉒「神宿る島」宗像・沖ノ島と関連遺産群

2017年登録　所在地：福岡県

朝鮮半島や中国大陸に近く、古代から貿易や交流の窓口になっていた4世紀から9世紀の間の東アジアにおける諸国家間の重要な交流を示していること、古代から継承されてきた神聖な島を崇拝する文化的伝統を伝える類いまれな例であることから、沖ノ島の3つの岩礁を含めた8資産が登録されました。沖ノ島から出土した約8万点の遺物は、全て国宝に指定され、沖ノ島は「海の正倉院」と呼ばれています。

沖ノ島

㉓長崎と天草地方の潜伏キリシタン関連遺産

2018年登録　所在地：長崎県、熊本県

九州の西端に位置する長崎と天草地方は、大陸と近いこともあり、16世紀後半から多くの西洋の宣教師によるキリスト教の宣教が行われた地方です。そのため長崎と天草地方には多くのキリスト教徒が暮らし、「キリシタン」と呼ばれていました。江戸時代の日本では、キリスト教を信仰することは禁止されました。この17世紀から2世紀以上にわたるキリスト教禁教政策のもとで、ひそかに信仰を伝えた潜伏キリシタンの伝統を物語る貴重な証拠であることが評価されました。信仰を維持するために移住した離島部の集落や潜伏キリシタンの伝統が終焉するきっかけとなった大浦天主堂など12の資産が登録されています。

㉔百舌鳥・古市古墳群—古代日本の墳墓群—

2019年登録　所在地：大阪府

古墳は丘のように土が盛られた、当時の身分が高い人のお墓のことです。この地域には、かつては100基以上の古墳があったといわれていますが、現在残っている49基が登録されました。主な古墳には、日本最大の前方後円墳である仁徳天皇陵古墳や、体積では最大といわれる応神天皇陵古墳があります。

仁徳天皇陵古墳
写真提供：堺市

㉕北海道・北東北の縄文遺跡群

2021年登録　所在地：北海道、青森県、岩手県、秋田県

森や海、川などの自然の恵みを利用して１万年以上にわたり採集・漁労・狩猟により定住した人々の生活と精神文化を伝える縄文時代（約15,000年～2,400年前）の遺跡が残っています。日本最大級の縄文集落跡である三内丸山遺跡や祭祀・儀礼の場である環状列石など、北海道・青森県・岩手県・秋田県にある17の遺跡が登録されています。

6 ホテル・旅館

日本での主な宿泊施設には、旅館とホテルがあります。「旅館」、「ホテル」は、いずれも旅行や出張などで、おもに宿泊や休憩を目的として利用される施設です。そのほかの宿泊施設としては、外国人に人気のゲストハウスや農家や漁師などが営む民宿もあります。

（1）ホテル

ホテルは、洋室・ベッドなど、おもに洋式の構造・設備を備える宿泊施設を指します。観光地やリゾート地などで営業を行う観光ホテル・リゾートホテル以外にもビジネスホテルやシティホテルなど、用途や目的に合わせた多種多様なホテルがあり、結婚式場や多目的ホール、プールなどの設備を備えたものもあります。入浴施設としては、洋式の浴室またはシャワーなどが設置されています。

（2）旅館

旅館は、和室や布団など、おもに和式の構造・設備を備える宿泊施設のことを指します。旅館には、観光利用や行楽利用主体の観光旅館、温泉地にある温泉旅館のほか、建設関係の工事出張など、現場での長期滞在者向けのビジネス旅館もあります。入浴施設としては、大浴場などの公衆浴場があり、客室に専用の風呂がない旅館も多く見られます。

（3）旅館での宿泊マナーについて

和風の庭や和室などがある旅館は、日本文化を重んじている場所でもあります。日本独自のマナーがあり、そのマナーを守り正しい作法を身につけた仲居さんが客室まで料理を運んでくれたり布団を敷いてくれたりと、スタッフが客室内に出入りすることも多いです。

①玄関でのマナー

和風の玄関は、部屋より一段低く、靴についた汚れを家の中に持ち込まないようになっています。玄関では靴を脱ぎ、脱いだ靴はきちんとそろえます。ただし、旅館の人がそろえてくれ、そのままでよい場合もあります。室内用スリッパが置いてあるときは、玄関でスリッパに履きかえます。

②和室でのマナー

畳のある部屋では、入り口の敷居（木でできたレール）や畳のへりを踏まないようにします。畳のへりの上に座るのもマナー違反です。また、畳の上をスリッパなどで歩くのも厳禁です。床の間は神聖な場所ですので、物を置かないようにします。また、キャスター付の荷物は畳の上で動かしてはいけません。置く場合は敷物を敷くなどします。室内に置いてある調度品や備品は持ち帰ることはできません。ただし、部屋に置かれているお茶やお菓子は食べても構いません。

③座布団

通常、旅館の和室には座布団が置かれていて、畳の部屋では座布団の上にすわります。座布団には表と裏があり、座布団の中央にある「しめ糸」に房がある方が表です。ただし、両面が使えるように「しめ糸」がない座布団や両面に房がある座布団もあります。座布団は足で踏んではいけません。

④公衆浴場（銭湯・温泉）でのマナー

湯船に入る前に必ず体にお湯をかけ、体を洗ってから入ります。湯船にタオルを入れてはいけません。また、湯船の中で石鹸を使って体を洗ってはいけません。入浴が終わって脱衣所に入る前に、タオルで体の水気を取ります。

⑤トイレでのマナー

トイレには専用のスリッパが置いてあるので、室内用のスリッパと履き替えます。また、地方にある老舗の旅館では、洋式トイレのほかに、和式トイレもあります。

⑥チップについて

日本ではサービス料が宿泊費に含まれるため、一般的にはチップをわたす必要はありません。しかし、特別にお世話になり、サービス以上のことをお願いした場合は、お礼の気持ちとしてわたす場合があります。金額は、宿泊費の１～２割程度とされています。チップのことを「心づけ」ということもあります。

⑦浴衣について

旅館では浴衣を着る機会が多くあります。男性の場合、帯は腰あたりの低めに結びます。女性の場合は、ウエストの細い部分で結びます。旅館の共用部や宴会場、朝食会場では浴衣を着用できますが、着崩れを整えて身だしなみを守ります。多くの旅館では浴衣の上に着る「丹前」という着物が一緒に用意されています。

2 交通機関

1 船舶

四方を海に囲まれている日本では、大きな港や漁港が日本各地にあり、港の周りでは多くの都市が発展してきました。明治時代初期からは、日本三大港といわれた、神戸、横浜、門司（北九州）が重要な国際貿易の拠点となりました。近年では、日本の主要港は、コンテナターミナルや倉庫などを有し、多くの産物の輸出入の拠点となっています。工業地帯では原料を運び、作った製品を海外へ輸出するために港は欠かせない存在です。

貨物の取り扱いが多い港としては、自動車関連の需給が多い名古屋港、関東地方の千葉港、京浜（東京・川崎・横浜）港、北海道の苫小牧港、九州地方の北九州港などが挙げられます。

また、世界の観光客数が増えている中、日本へのクルーズ船の寄港も多くなっています。アジアの玄関口としての福岡県の博多港、沖縄県の那覇港、平良港、長崎県の長崎港、神奈川県の横浜港などがクルーズ船の寄港する代表的な港です。

2 飛行機

日本には、97か所の空港があります。旅客用の定期便を運航している空港の多くは騒音や事故対策のために都市から離れたところにつくられています。

主要な空港として、搭乗客数が最も多いのが、東京国際空港（羽田空港）で、新型コロナウイルス感染症の流行前には年間8,000万人以上の人が利用していました。成田国際空港、関西国際空港とあわせて、この３つの空港は、ハブ空港と呼ばれています。そのほかのおもな空港としては、福岡県の福岡空港、北海道の新千歳空港、沖縄県の那覇空港、大阪国際空港（伊丹空港）、中部国際空港（セントレア）、鹿児島空港、仙台空港などが挙げられます。

日本の３つのハブ空港の特徴は以下の通りです。

①成田国際空港（千葉県成田市）

東京都心の東方約60kmに位置し、東京国際空港とともに首都圏の空の玄関口となっている国際空港です。IC（集積回路）などを中心に、貨物の取扱額は日本最大です。

②東京国際（羽田）空港（東京都大田区）

東京の都心に最も近い空港で、24時間離着陸が可能です。成田空港の開港以来、長らく国内線をメインとする空港でしたが、東京都心に近い利便性から、近年は多くの国際線も就航しています。

③関西国際空港（大阪府泉佐野市・泉南郡田尻町・泉南市）

大阪湾の人工島につくられた国際空港です。騒音を気にせず24時間離着陸が可能です。「関空」という略称がよく使われます。

3 鉄道

日本では北は北海道から南は鹿児島まで、鉄道網がはりめぐらされています。人や物の輸送手段としての役割に加え、自動車交通の不足分を補うことで、都市全体の交通の混雑を緩和する役割も担っています。現在、多くの人がビジネスや観光で鉄道を利用し、大量の人、物資を輸送し、鉄道は日本経済の動脈となっています。

全国を結ぶ鉄道網で最大のものがJRグループです。日本国有鉄道（国鉄）が1987年（昭和62年）に分割民営化され、今のJRグループとなりました。現在、グループには、北海道旅客鉄道（JR北海道）、東日本旅客鉄道（JR東日本）、東海旅客鉄道（JR東海）、西日本旅客鉄道（JR西日本）、四国旅客鉄道（JR四国）、九州旅客鉄道（JR九州）、日本貨物鉄道（JR貨物）の７社があります。

そのほかに各都市には私鉄があり、大都市を中心として多くの輸送を行っています。その多くは駅周辺の都市開発を行うなど多角的な事業を展開しています。また地方では第三セクター（国や地方公共団体と民間の共同出資による事業体）が運営する鉄道があり、住民の足として利用されています。

（1）新幹線

新幹線は、都市と都市との間を結ぶ高速の鉄道です。新幹線以外の特急列車は最大で時速100km 程度であるのに対し、新幹線はもっとも速いもので時速320kmのスピードを出すことが可能です。新幹線は高速で都市と都市との間をむすぶため、駅の数はその他の鉄道よりも少なくなっています。日本最初の新幹線は1964年（昭和39年）に東京―新大阪間に開業した東海道新幹線です。その後、着々と線路が伸び、2016年には北海道新幹線が開業し、北海道の函館と九州の鹿児島が新幹線でつながりました。

また、現在建設中のリニア中央新幹線では、世界で最も速い時速500km での移動が可能になるといわれています。東京―名古屋間を現在新幹線で約１時間40分かかるところを最速40分で結ぶ予定で、まず2027年の開業をめざし、その後大阪までの建設が予定されています。

【日本の新幹線】

種類	名前	ルート
北海道新幹線	はやぶさ・はやて	新青森駅～新函館北斗駅
秋田新幹線	こまち	盛岡駅～秋田駅
山形新幹線	つばさ	福島駅～新庄駅
東北新幹線	はやぶさ・はやて やまびこ・なすの	東京駅～新青森駅
上越新幹線	たにがわ・とき	大宮駅～新潟駅
北陸新幹線	かがやき・はくたか あさま・つるぎ	高崎駅～敦賀駅
東海道・山陽新幹線	のぞみ・ひかり・こだま	東海道新幹線　東京駅～新大阪駅
		山陽新幹線　新大阪駅～博多駅
九州新幹線	みずほ・さくら・つばめ	博多駅～鹿児島中央駅

種類	名前	ルート
西九州新幹線	かもめ	武雄温泉駅～長崎駅

(2) 在来線

旧日本国有鉄道（国鉄）からJRグループが継承した、新幹線以外の鉄道のことを在来線といいます。大都市間を高速で結ぶ特急列車、都市内の通勤列車、ローカル線などが含まれます。現在、在来線での走行距離では、東京～出雲市間を結ぶ寝台特急「サンライズ出雲」の953.6kmが最長です。

(3) ローカル線

在来線の中でも、主に地方を走行する乗降客の少ない鉄道を指します。車両の多くは1～2両で、ワンマン運転などで運行する小規模なものです。地元住民の移動手段として欠かせない鉄道ですが、赤字運行などの問題があります。最近では、地方のローカル線を体験したい観光客や鉄道ファンなどにも利用されています。観光の対象となる代表的な鉄道として、トロッコ列車や蒸気機関車（SL）などのさまざまな特色を持つ観光列車などが挙げられます。秋田県と青森県を結ぶ五能線や、静岡県の大井川鐵道、北海道の釧網本線、岩手県の三陸鉄道、京都府の嵯峨野観光鉄道、富山県の氷見線、熊本県の南阿蘇鉄道など、レトロな雰囲気と自然を味わうことができる鉄道は日本各地にあります。

(4) 私鉄

私鉄は、私営鉄道、つまり民間企業によって運営されている鉄道です。「民鉄」ともいいます。私鉄には次の表にある大手16社と、その他の中小私鉄があります。大手16社は、東京都市圏、名古屋都市圏、大阪都市圏、福岡都市圏の輸送需要の多い地域において、通勤・通学輸送をJRと分担しています。

【私鉄大手16社】

東京都市圏	名古屋都市圏
東武鉄道株式会社（東武）	名古屋鉄道株式会社（名鉄）
西武鉄道株式会社（西武）	大阪都市圏
京成電鉄株式会社（京成）	近畿日本鉄道株式会社（近鉄）
京王電鉄株式会社（京王）	南海電気鉄道株式会社（南海）
小田急電鉄株式会社（小田急）	京阪電気鉄道株式会社（京阪）
東急電鉄株式会社（東急）	阪急電鉄株式会社（阪急）
京浜急行電鉄株式会社（京急）	阪神電気鉄道株式会社（阪神）
東京地下鉄株式会社（東京メトロ）	福岡都市圏
相模鉄道株式会社（相鉄）	西日本鉄道株式会社（西鉄）

（5）地下鉄

日本の主要都市には、地下を走行する鉄道路線である、地下鉄があります。現在地下鉄は9都市で走っています。東京都では、都営地下鉄（東京都）と東京メトロ（東京地下鉄株式会社）の2事業者が運営しており、他の都市では、自治体などが運営しています。

地下鉄は、東京都以外では、札幌市、仙台市、横浜市、名古屋市、京都市、大阪市、神戸市、福岡市で、運行されています。東京の地下鉄には、JR、私鉄と直通運転している路線が多く便利ですが、乗り慣れない人は乗り過ごさないよう注意が必要です。

（6）切符の種類

電車の切符にはいろいろな種類があります。

①定期券

学校や会社など、毎日同じ所に通う人に便利な乗車券です。1か月、3か月、6か月などの期間を選ぶことができ、購入時に指定した路線、区間であればその期間は何度でも乗ることができます。また、ICカードの定期券もあります。

②回数券

一般的には、切符10枚のお金で11枚買うことができる乗車券です。ただし、使用する期間が決められています。現在は、販売しない鉄道会社が増えています。

③特急券

乗車券に加え、特急や新幹線に乗るときに必要です。また、特急券では座る座席が決まっていない自由席に乗車することができますが、座る座席が決まっている「指定席」やサービスが異なる高価格の車両「グリーン車」に乗車する場合は、別途追加料金を支払い「指定席券」、「グリーン券」を購入する必要があります。

・指定席券：指定席（座る席が決まっている）を利用するときに必要です。
・グリーン券：新幹線などのグリーン車（サービスが異なる高価格の車両）に乗る時に必要です。

④ジャパン・レール・パス

ジャパン・レール・パスは、外国から日本を観光目的で訪れる人のみが購入することができる特別企画乗車券です。JRグループ6社が共同して提供するパスで、日本中を鉄道でくまなく旅行する場合に経済的で便利なパスです。すべての列車に乗ることができるわけではないので注意しましょう。購入には、滞在期間などの条件があります。

⑤交通系ICカード

あらかじめお金をチャージしておくことで、改札でかざして鉄道に乗ることができるカードです。全国にはいろいろな種類のICカードがあります。基本的には、利用エリアが限られていることが多いですが、右表の10種類のICカードについては、別のICカードエリアでも利用できます。また、電車だけではなく、バスやタクシーなどでも利用できるICカードは、便利なだけでなく現金で支払うより安くなる場合もあります。駅やバスセンター、券売機(切符販売機)で購入することができます。

名称	利用エリア
Kitaca	JR北海道
Suica	JR東日本ほか
PASMO	首都圏民鉄・バス
TOICA	JR東海ほか
manaca	中京圏民鉄・バス
ICOCA	JR西日本ほか
PiTaPa	近畿圏民鉄・バスほか
SUGOCA	JR九州ほか
nimoca	九州民鉄・バスほか
はやかけん	福岡市地下鉄

【ICカードのメリット】

・切符を購入する必要がなく改札機をタッチすることで交通機関に乗車することができます。
・いろいろな会社の電車やバスに乗ることができます。
・現金で払うより安くなることがあります。

【ICカードの種類】

■記名カード

・自分の名前が書いてあるカードです。
・名前、電話番号、誕生日、性別の登録が必要です。
・カードをなくしても駅で再発行できます。

■無記名カード

・名前が書いていないカードです。
・カードをなくしても再発行されません。

（7）鉄道・地下鉄の乗り方

①路線図で行き先を確かめる。

②駅で目的地までの切符を購入して、改札を通る。（交通系ICカードが使用できる場合は、自動改札機にカードをかざすことで改札を通ることができます。）

③駅構内の案内掲示に従い、目的地に向かう列車が発着するホームの番線に向かう。

④ホームでは白線または黄色いブロックの内側で列車を待つ。（割り込みをしない。）

⑤列車に乗る時は、降りる人が優先です。降りる人が列車から出たら、乗ります。

⑥目的地では、購入した切符を使用して改札を通る。（交通系ICカードを使用した場合は、自動改札機にカードをかざすことで、カードのチャージ額から運賃が支払われます。）

※都市の地下鉄や私鉄は複雑で乗換えも簡単ではありません。乗換えの際は、案内にしたがって乗換えをします。わからない時は、駅員に聞きます。最近では便利な乗換えアプリもあります。

※「特急」、「急行」、「快速」など、すべての駅に停まらない電車があります。どこに停まるかは、路線図で確認するか、駅員に質問して確認しましょう。

4 バス

（1）バスの種類

日本で運行しているバスは、用途ごとに種類が異なります。通勤・通学などの日常生活で利用するバスを「路線バス」といいます。その他に、高速道路を利用する「高速バス」、観光地を効率よく巡るための「定期観光バス」、空港とターミナル駅間を運行する「空港アクセスバス」、修学旅行や団体旅行などで貸し切って利用する「貸切（観光）バス」などがあります。

①路線バス

一般道路を主体に路線を設定して運行されるバス

②高速バス

数十から数百キロの都市間を輸送するものや都市と観光地を結ぶものの中で、高速道路を利用するバス

③定期観光バス

特定の日だけ催行される旅行会社のバスツアーと異なり、毎日、あるいは毎週土休日など曜日を決めて運行されます。また、バスに乗って遠方に向かうのではなく、原則としては旅行先で乗車し周辺を巡るものです。

④空港アクセスバス

ターミナル駅と空港を結ぶバス。鉄道などの利用では乗換えが発生する地区では高い利便性を発揮します。また、大きな荷物をトランクに預けることができるため、鉄道などの利用にくらべ、荷物を持って移動しなくてもよいメリットもあります。

（2）路線バスの料金

路線バスの料金は定額のものと乗車した距離によるものとの2種類に分けられます。料金の精算方法により、料金を支払うタイミングや乗降の方法が変わります。

①定額制

全区間で同じ料金の路線です。料金が決っているため、乗車時に料金を支払います。前方から乗車し、中央のドアから降車するタイプが一般的です。

②走行距離制

乗車した距離により料金が変動する路線です。乗車時に整理券（番号が書いてある券）を取り（IC カードの場合はリーダーにタッチします）、支払いは前方の料金表を確認し、降車時に支払います。中央ドアから乗車し、前方ドアから降車するタイプが一般的です。

（3）路線バスの乗り方

①目的地に行くバスをバスの停留所で待ちます。

②路線や料金については、インフォメーションで確認します。

最近では、スマートフォンのウェブページで検索・確認ができるケースが多いです。

③バスは、中央から乗って前から降りるものや、前から乗って中央から降りるものなどバス会社ごとに乗り方が異なります。

④降りたい停留所名がアナウンスされたらブザーで運転手に知らせます。

⑤料金を支払う際は、現金の他にバス会社が指定したIC カードが利用できます。

IC カードで支払う時は、乗るときにカードリーダーにタッチします。近年普及しているICカードは、全国のいろいろな会社の電車やバスに乗ることができる共通のものが大半で便利です。

5 交通機関でのマナー

①乗降時

日本の交通機関では、乗降の待機時に列を作って並びます。また、電車が着いたら、まずは降りる人を先に通します。ドアの周りを広く開けてドアの脇に並んで待ち、降りる人が済んでから、並んだ順に電車に乗ります。日本の乗り物は電車もバスもすべて降りる人が優先となっています。

②優先席

日本の電車やバスには「優先席」が用意されています。お年寄りや妊婦、身体が不自由な方を優先とした座席となっていますので、それ以外の人は優先席が空いていても座らないのがマナーとなっています。また優先席以外の席に座っているときも、マタニティマークやヘルプマークを付けた人がいたら席を譲るようにしましょう。

③携帯電話

電車やバスの中では、携帯電話で話すことはマナー違反です。携帯電話はマナーモードにします。また、優先席の近くでは電源を切りましょう。電話でなくても、大きな声で人と話すことはマナー違反になります。

④喫煙と飲食

車内やホームは一部を除いて全面禁煙となっています。また、長距離の電車を除き、基本的に車内では飲食も控えましょう。

⑤女性専用車両

都市部の電車では、女性が安心して乗車できることを目的にラッシュ時に女性専用車両が導入されていることがあります。女性専用車両ではあっても、男児、障害者などの男性は利用できるとしている事業者も多く見られますが、基本的には男性は乗車できません。

⑥席の座り方

空いている席に手荷物を置いてほかの人が座ることを邪魔する行為や足を広げて座る、前に投げ出して座る、足を組んで座ることはやめましょう。

⑦その他

こみ合った車内で大きなリュックは邪魔になります。肩から降ろして手に下げるか前で抱きかかえます。また、イヤホンやヘッドホンから音が漏れないように注意しましょう。

3 日本の歴史と文化

1 歴史

日本の歴史は、いろいろな説がありますが、下記の旧石器時代～弥生時代の「原始」、古墳時代～平安時代の「古代」、鎌倉時代～室町時代の「中世」、安土桃山時代～江戸時代の「近世」、明治時代以降の「近現代」に分けられます。

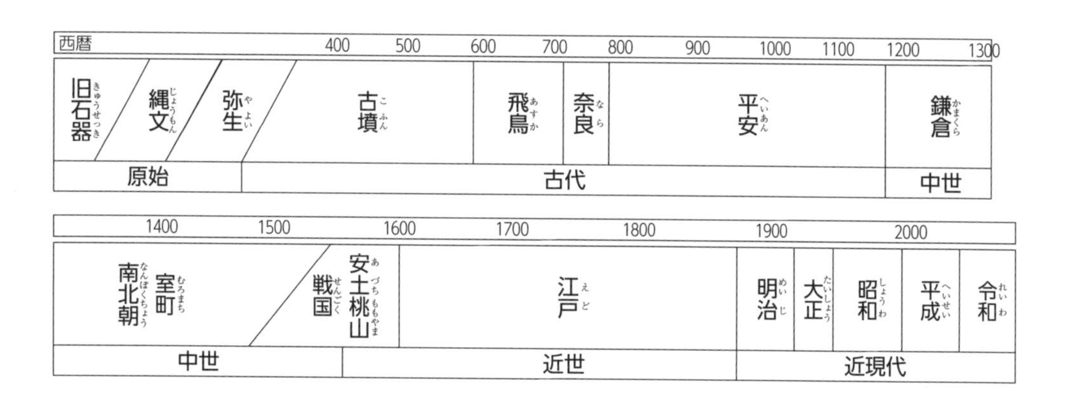

（1）古代・中世

時期	主なできごと
3世紀	このころ、卑弥呼が王となる
6世紀	仏教伝来
7世紀	大化の改新　聖徳太子が推古天皇の摂政となる
8世紀	平城京に遷都・平安京に遷都
9世紀	遣唐使を廃止
11世紀	藤原道長が摂政となり、摂関政治の全盛時代へ

時期	主なできごと
12世紀	源頼朝が征夷大将軍となる・鎌倉幕府の成立
14世紀	建武の新政・室町幕府の成立
15世紀	応仁の乱

①古代

日本書紀には4～5世紀ごろから日本に渡来人が増えはじめたと記されています。当時の日本は倭国と呼ばれ、政治は奈良盆地に拠点を置く大和朝廷が行っていました。大和朝廷は、朝鮮半島の国である百済や新羅などと交流し、特殊技能の持ち主を招き入れました。

古代は、大和政権という統一国家が誕生し、最盛期を迎えたのちに衰退していった時期といえます。また「仏教」がこの時代を読み解くキーワードとなります。仏教は、6世紀中頃に百済の王から正式に日本にもたらされました。仏教とともにもたらされたのが中央集権的律令国家への変革です。こうして中央集権に成功した奈良時代に仏教は鎮護国家（国を守り、安定させること）の宗教として国教化され、僧侶の地位は飛躍的に向上しました。しかし、僧侶が政治家と癒着し、天皇になろうとするものまで現れて政治を混乱させていくことになりました。

794年、桓武天皇は腐敗した仏教勢力を断つために、平安京への遷都を行いました。天皇親政をはじめ、仏教を刷新しました。白河、鳥羽、後白河の3上皇は出家し法皇になり専制的な政治を行います。この「院政」の時代、僧侶は僧兵となり武装して、都に乱入して無理な要求を行いました。その後、神仏を恐れない武士の登場により、僧侶は討たれ寺院は焼かれました。こうした階層の登場で古代は終わりをつげ、武士が中心となる中世へと時代が移りました。

②中世

12世紀末に源頼朝が鎌倉に幕府を創建したのが本格的な武家政権の始まりとなりました。一時、公家政権（建武政権）が復活しましたがすぐに崩壊しました。そして室町幕府から戦国時代を経て江戸幕府へと政権が引き継がれ、1868年の明治維新を迎えるまで約700年にわたり武士が日本を主導しました。

室町時代後期には、農民や商工業者などの庶民が力を持ち始めました。また、農民たちは支配階級からの自衛手段として、自分たちで村を自治的に運営し土一揆で毅然と抵抗しました。同時期に明国（中国）との貿易で栄えた堺や博多などの自由都市が現れます。こういった新たな階層が勢力を強めていましたが、やがて幕府の支配からはなれて独自に地方を支配する戦国大名の出現により制圧されました。

（2）近世、近現代

時期	主なできごと
16世紀	キリスト教の伝来
17世紀	徳川家康が江戸に幕府を開く
	キリスト教の禁止
	島原・天草一揆
	農具の改良、新田開発
18世紀	享保の大飢饉　天明の大飢饉
19世紀	大塩平八郎の乱
	ペリーが浦賀に来航
	薩長同盟が結ばれる

時期	主なできごと
19世紀	明治維新
	徴兵令　地租改正
	西南戦争
	日清戦争
20世紀	日英同盟
	日露戦争
	日中戦争
	太平洋戦争

①近世

戦国大名たちによる各地での支配・対立は、織田信長により収拾され、豊臣秀吉により「天下統一」がなされました。さらに徳川家康により戦乱の世から長い平穏な時代へと変わっていきました。徳川家康は関ケ原の戦いに勝ち、江戸に幕府を開き江戸幕府による支配は約260年続くことになります。江戸時代には独自の文化が生まれています。第５代将軍徳川綱吉の時代になると、徳川政権は成熟期を迎え、文学、芸能、芸術の花が開きました。現代にも続く歌舞伎、人形浄瑠璃などが盛んになったのはこの頃です。

第５代将軍綱吉の元禄政治、第11代将軍家斉の大御所政治の時代には、自由な文化が花開きましたが、そのような時代は財政が悪化しました。すると財政を緊縮する改革が行われます。このように江戸時代はゆるやかな支配と厳しい支配とが交互にくりかえされた時代でした。このような振幅は、ペリー来航（アメリカの軍人ペリーが率いる艦隊が来航して幕府に対して開国を求めたできごと）により止まることになります。列強諸国の圧力により平和が保てなくなった幕府に対し、徐々に庶民の力が強まる時代になりました。

②近現代

19世紀には、産業革命により勢力を増したヨーロッパの列強諸国が、植民地を求めアジア諸国へと押し寄せるようになりました。幕府が約260年にわたり海外との交流を制限していたことで、日本には世界情勢が伝わっていませんでした。そんな中、近代を象徴する巨大な蒸気船でペリーが来航したのを機に、危機感を覚えた下級武士をはじめとする人々の間で尊王攘夷運動が起こりました。対応が遅れた幕府はペリー来航の15年後に終焉を迎えることになりました。ペリー来航から江戸幕府が終わるときまでの時期を「幕末」と呼びます。

幕府に代って新しい政治の体制である明治政府ができたことを「明治維新」といいます。明治政府はアジアへの進出をめざす欧米諸国に対して危機感を抱き、猛烈なスピードで近代化を推進しました。数十年の間に憲法などの諸制度を整備しましたが、徐々に軍部が台頭して軍国主義の国へと変貌していきました。日本は大陸への侵略を経て、最後はアメリカとの戦争へ突き進みましたが、1945年（昭和20年）に敗戦という結果となりました。戦後の日本は、非軍事国家として再生します。技術力と高い人的リソースにより輸出を伸ばし、1950年の特需景気以来、約20年間もの間、高度経済成長を続け、世界有数の経済大国となりました。

（３）歴史上の人物

①紫式部　（生没年不詳）

平安時代中期の女性作家、歌人。家系は学才のある人物を多く輩出しており、幼いころから父より漢学・音楽・和歌の教えを受け、才能を発揮しました。世界最古の長編小説ともいわれる大作「源氏物語」の作者として有名です。物語は約100

万文字に及ぶ文字数でおよそ500名近くの人物が登場し、70年余りのできごとが描かれており、心理描写、筋立ての巧みさ、文章の美しさから日本文学史上最高の傑作ともいわれています。

②聖徳太子　(574〜622)

飛鳥時代の政治家であり、宗教的思想家で知性と徳に優れ、後の人々に尊敬されている人物です。常日頃から、仏教をあつく信仰し、法隆寺（奈良県）、四天王寺（大阪府）などの仏教寺院を建設し、仏教を広めました。また、小野妹子らを遣隋使として中国の隋に送り、対等の外交を行おうと努力しました。同時に何人もの人の話を聴くことができたという伝説や、お札のデザインに使われたことなどで多くの人に親しみを持たれています。

③源義経　(1159〜1189)

幼名は牛若丸。平家に父を殺され、幼少のころから鞍馬寺で修行を続けていました。兄の源頼朝が挙兵すると、ともに戦い、壇ノ浦の戦いで平家を滅ぼした最大の功労者であり、戦術の天才といわれています。しかし、頼朝に鎌倉から追放され、わずか31歳の短い生涯を終えました。平家との戦いでの活躍とその悲劇的な生涯から後世の人々に根強い人気があります。源義経の生涯に関係して、日本には弱いものを応援したくなる心情のことを指す「判官びいき」という言葉があります。「判官」とは、役職名に由来する源義経の別名です。

④織田信長　(1534〜1582)

室町時代の応仁の乱後、朝廷や幕府の力は衰えていましたが権威はまだあり、それをかりて全国に号令しようとして、最初に成功した戦国大名が織田信長です。斬新な戦法を用い、資金となる経済流通の改革を行い、次々と敵対する諸大名を倒し、領土を広げていきました。天下統一を望み中部・近畿地方の大部分を支配下におきましたが、家臣の明智光秀の謀反により殺されました。この事件は「本能寺の変」として知られています。政教分離、楽市楽座など経済の自由化は現在に通じるものともいえます。

⑤上杉謙信　(1530〜1578)

越後（現在の新潟県）の戦国大名で、戦上手で知られていましたが、民生にも長けた名将といわれています。人物は清廉で、文武両道（学問にも武道にもすぐれていること）の人であったようです。軍神・毘沙門天の化身ともいわれ、誰よりも義を重んじたことで有名で、その義を重んじる精神は現代人にも影響を与えています。自分の私利私欲のためではなく、人のために戦った武将だということは「敵に塩を送る」というエピソードにも表れています。

⑥武田信玄　(1521〜1573)

「風林火山」を旗印に掲げ、信頼で築き上げた強固な騎馬軍団を率いて、戦上手として名をとどろかせた甲斐（現在の山梨県）の戦国大名です。領民の保護・育成に努め、治世においても才覚を発揮した人物で「甲州法度之次第」という法律を制定し、「信玄堤」に代表される治水や金山開発、税制・度量衡の統一、交通制度の整備、城下町の建設などを行なった名将です。数度にわたって行われた上杉謙信との戦いである「川中島の戦い」はよく知られています。

⑦豊臣秀吉　(1537〜1598)

貧しい家の生まれからその才覚をもって、織田信長のもとで頭角を現し、信長の死後には関白、大政大臣となって初めて日本の全国統一を成し遂げました。政策面では「太閤検地」で領地を把握することにより財政を安定させ、朱印貿易による商業振興と都市の掌握や貨幣鋳造による商業統制を行います。後継者である秀頼を徳川家康に託して死没しました。

⑧徳川家康　(1542〜1616)

1600年（慶長５年）、関ヶ原の戦いに勝利し、1603年（慶長８年）征夷大将軍となり、江戸幕府を開きました。時節を待つ忍耐強さに加えて政治面でも先見の明があり、諸大名との絶妙な駆け引きで、その地位を築いたイメージを持たれています。乏しい土地で湿地帯だった江戸を開発して発展させ、現在の東京の基盤を作りあげました。1868年に幕府が滅びるまでの約260年間に及ぶ平和な時代のもとを築きました。

⑨坂本龍馬　(1835〜1867)

幕末に活躍した日本の政治家・実業家です。若干30歳そこそこで「日本を今一度せんたくいたし申し候」と日本の再生に燃え、近代日本の創生に深くかかわりました。のちの海援隊となる亀山社中を結成するなど実業家としての、さらに、薩長同盟を成立させるなど交渉人としての才能を発揮しました。その後、江戸幕府にかわる新政府の構想を提示した「船中八策」を記しましたが、同志の中岡慎太郎とともに1867年（慶応３年）に京都河原町の近江屋で暗殺されました。

⑩西郷隆盛　(1827〜1877)

薩摩（現在の鹿児島県）の下級武士の生まれですが、幕末に頭角を現し明治維新を成し遂げた主要人物の一人です。戊辰戦争で勝利し、江戸侵攻直前に勝海舟と会談を行い、戦闘なしでの江戸城の開城に合意して江戸が戦場となることを防いだといわれています。明治新政府では今までの幕藩体制では欧米列強に立ち向かえないと考え日本を中央集権国家へと導くために廃藩置県の制度を導入します。後に政府から離れ、私学校生徒の暴動から始まった西南戦争の指導者となりますが、敗れて城山で自刃しました。

※本項の人物の生没年には諸説（いろいろな説）があります。

2 芸能

（1）伝統文化芸能

①書道

書道とは、日本古来の筆記用具である、筆と墨を用いて、漢字や仮名文字を芸術的に表現する日本の伝統芸術のひとつです。もともとは中国で発達したもので、日本には６～７世紀ころの奈良時代に、筆・墨・紙の作り方とともに伝わったとされています。筆と墨を用いて文字を書くことは、貴族や武士にとって不可欠な教養とされ、時代とともに一般の人々の間にも広まりました。

日本の芸術品として、書道に秀でた「書家」による芸術的な価値のある作品が数多く残っています。一方、現在では子供の習いごとのひとつとしても、書道は一般的です。字をうまく書くことができるようになる効果だけではなく、しつけとしての効果もあると考える人もいます。習いごととしての書道は、「習字」とも呼ばれています。

現在でも、冠婚葬祭の行事や年賀状など、墨と筆を用いて字を書くことは、日本人の生活に根強く溶けこんでいます。主に毛筆と墨を使いその特徴を生かして紙の上に文字を書きます。その技法（書法）には、筆法、間架結構法、布置章法があり、それぞれにさまざまな方法が編み出され、書体や書風などによって使いわけられています。

技法の習得にはいろいろな教育機関を通じて古典を中心に学習し、書道展などに出品しながら技量を高めていくのが一般的です。

②茶道

茶道とは、日本伝統の湯を沸かし、茶を点て、茶を振る舞う行為（茶の儀式）です。また、それを基本とした様式と芸道です。伝統的な様式にのっとって客人に抹茶をふるまうことを、「茶の湯」ともいいます。茶は、8世紀の遣唐使により伝わったといわれていますが、当時のものは半発酵茶で現在のような抹茶は10世紀に伝来したものです。茶を入れて飲むことを楽しむだけではなく、生きていく上での目的・考え方、宗教、そして茶道具や茶室に飾る美術品、茶室や庭など住まいに関する空間、茶道具を選んだり鑑賞したりする工芸、そしてお茶会（茶事）に出てくる懐石料理や和菓子などの食を含めて広い分野にまたがる総合芸術として発展しました。

茶道は仏教の宗派の一つである禅宗と深く関わり「わび・さび」という精神文化を生み出しました。「わび・さび」とは、わびしい、さびしい、という満たされない状態を認め、慎み深く行動することをいいます。茶道においては、この「わび・さび」の精神を大切にし、茶室という静かな空間で茶を点てることに集中することで心を落ち着かせます。それによって自分自身を見直し、精神を高めます。また、茶道では「一期一会」という言葉があります。これは「人との出会いを一生に一度のものと思い、相手に対し最善を尽くす」という意味の言葉です。

③華道

華道は、四季折々の樹枝・草花など、さまざまな材料を組み合わせて構成し、その姿の美しさ、いのちの尊さを表現し鑑賞する芸術です。「花道」とも表記し、また「いけばな」「おはな」などとも呼ばれ、茶道などの他の諸芸と同様、礼儀作法を大切にする日本の伝統的な芸術です。

華道には多くの流派があり、様式・技法は各流派によって異なります。花を飾る文化は太古の時代、仏前へ草花をお供えすること（供花）から始まりました。やがて仏教の渡来と共に供花と結びつき、生活の中でさまざまな場所に草花が飾られるようになりました。その後、室町時代の華やかな東山文化のもと、床の間がある書院造りの建築様式の完成によって、花は決められた方法に従って生けられ、床の間に飾られるようになります。床の間に飾って鑑賞する際に最も美しく見えるようにするために、日本の生け花は正面から見て最も美しく見えるように生けられます。

④浮世絵

浮世絵とは、江戸時代に成立した絵画のジャンルのひとつです。「浮世」は現代風・当世風という意味を持ちます。つまり、浮世絵とは浮世（当時の現代）の様子を描いた絵、風俗画のことを指します。題材は、当時人気があった花魁などの美人画、歌舞伎役者を描く役者絵、風景画である名所絵など多岐にわたります。浮世絵には、筆で描く肉筆画と、それを版画として刷ったものがあり、版画により大量生産が可能となり、当時の庶民の間に広まりました。浮世絵は一人の手で生み出されるものではなく墨で絵を描く「絵師」、その絵柄を版木という木に彫る「彫り師」、版木に色をつけて刷る「刷り師」という、３つの工程の職人が協力し合い初めて一つの作品が完成します。19世紀末頃ヨーロッパの画家たちは、包装紙として使われていた日本の浮世絵を目にして、その表情豊かな線や簡潔な色使い、自由な発想の図柄など日本独特の表現方法に強い衝撃を受けたともいわれています。浮世絵はゴッホなどに代表される19世紀末の画家たちに大きな影響を与えました。

⑤能・狂言

日本の伝統芸能のひとつで、通常は猿楽能を指します。能専用の屋根のある舞台上で、シテと呼ばれる俳優が歌い舞う音楽劇です。伴奏は地謡と囃子で構成されています。能面と呼ばれる仮面を使用する点が一番の特徴で、歌舞伎に次いで、世界的に知られている日本の舞台芸術です。

能は、農民の間で生まれた田楽と、散楽から発展して寺社の祭礼と結びついた猿楽が融合して誕生しました。能は、南北朝時代から室町時代初期にかけて発達しました。その発展に大きく貢献したのが、観阿弥・世阿弥親子で、すぐれた面やりズムを主体とした舞を取り入れ、能を舞台芸術として確立させていきました。その後、明治維新により一時は断絶しかけましたが、政府や皇室、財閥などの後援で復興し、現在まで日本の代表的な伝統芸能として存在しています。

一方、狂言の起源は、能と同時期ですが、奈良時代に中国から渡来した「散楽」が、平安時代に「猿楽」となり、猿楽本来の笑いの要素がセリフ劇となり、南北朝時代に「狂言」として生まれました。猿楽の滑稽な部分を劇化した日本で最古の喜劇です。能とあわせて行われますが、能とは異なり、物まねの要素を含んだ写実的なセリフ劇です。一般に面は用いず、素顔で演じられます。

（2）現代文化芸能

①アニメ

日本でアニメーションの制作が始まった当時はこれらの作品はただ「動画」と呼ばれていました。しかし1950年代にこれが「アニメーション」と呼ばれるようになり、それがいつしか省略されて「アニメ」と呼ばれるのが一般化されていきました。1960年代以降テレビの普及とともに手塚治虫や宮崎駿など日本を代表する著名なアニメーターが登場します。その後これらの作品が海外に輸出され、やがて日本の漫画映画を指す独自の英単語「Anime」が確立しました。アニメの歴史は、1980年代から1990年代の「機動戦士ガンダム」、「新世紀エヴァンゲリヲン」などの人気で大きく塗りかえられました。かつては子供向けのコンテンツだったアニメは、現在では年齢に関係なく多くの人に親しまれています。日本は他の国よりいっそうアニメーション、映画（映像）技術にこだわり続け、今では世界有数のアニメ大国となり、ポップカルチャーへの影響を与え続けています。

②コンピュータゲーム

1970年代末より広まったゲームセンターや商業施設における電子ゲームが、日本のコンピュータゲームの産業化のはじまりといえます。1978年に「スペースインベーダー」が登場することで一大ブームを巻き起こしました。家庭用ゲーム機では、1983年に発売された「ファミリーコンピュータ」は社会現象となるほどの爆発的な売れ行きを記録し、ほかのハードを圧倒して家庭用ゲーム機の代名詞となりました。2006年には携帯用ゲームソフトの販売が据え置き用を上回り、2009年から2011年にかけてはフィーチャー・フォン向けのソーシャルゲームが急成長を遂げ、その後、

2011年以降はスマートフォン向けのゲームに切りかわっています。日本は、家庭用ゲーム機で世界を席巻するとともに、キャラクターを生かしたモバイルゲームでもポケットモンスター（ポケモン）のように、世界規模のヒット作を数多く生みだしています。

③ファッション

戦後、日本では新しいファッションが追い求められるようになり、1970年代初頭に日本で初めてのファッション雑誌が登場したのをきっかけに、ファッションという言葉が「流行」を意味するようになりました。現在日本では、ヨーロッパをはじめとするラグジュアリーブランドをはじめ、若者を中心としたカジュアルファッションなどがあり、今では世界共通語となっている「Kawaii（カワイイ）」というコンセプトをファッションにとりいれたり、「原宿ファッション」「ギャルファッション」「ゴシック・ロリータ」「メイドファッション」などさまざまに広がっています。若い女性のカジュアルファッションに関しては、日本は世界をリードしているとさえいえます。一方、ラグジュアリーブランドでは、いまでも欧米が中心ですが、欧米のまねではなく、独自の世界観をもち発信することで海外でも高く評価される日本のデザイナーもいます。

④漫画

日本の漫画および日本風の漫画を指す「manga」や、「tankōbon（単行本）」といった語は欧米にも輸出されています。日本の漫画はアメリカン・コミックスや、フランス語圏のバンド・デシネなどの各国の漫画と比べて、モノクロ表現や独特のデフォルメ、ストーリー性などの異なる特徴を持っており、以前は日本の漫画を外国で発行する場合、アメコミ形式に再構成や彩色が行われることが多く見られましたが、近年はむしろ日本漫画の特徴を押し出して原書に近い形で出版されています。最近ではスマートフォンでの閲覧を意識し、縦型のコマを連続させる「縦スクロール漫画」が登場し、表現手法も新たに研究されています。

⑤「カワイイ」文化

日本は世界でも「カワイイ」大国として知られています。キティちゃん、ポケットモンスター（ポケモン）、セーラームーンなど、日本製のキャラクター製品が世界中で人気となっています。市場規模は２兆円ともいわれており、「カワイイ」文化は世界に通用する日本の美意識といってもよいでしょう。

3 スポーツ

(1) 武術

①相撲

もともとは土俵の上で力士が組合って戦う形を取る、古来より日本固有の宗教である神道に基づいて行われる神事であり、日本国内各地で「祭り」として奉納相撲が行われています。祭の際には、天下泰平・子孫繁栄・五穀豊穣・大漁などを願い、相撲を行なう神社も多くみられます。そのため、現在、プロスポーツとして行われている「大相撲」は、他のプロスポーツと比べて礼儀作法が重視されており、「力士」と呼ばれる選手の生活様式や風貌なども旧来の風俗が比較的維持され、文化的な行事としての側面もあります。大相撲は年間6回、日本相撲協会により東京・名古屋・大阪・福岡で開催されています。また、日本由来の武道・格闘技・スポーツとして国際的にも行われています。2020年の民間の調査では、相撲は好きなプロスポーツの3位となっています。

②柔道

日本には古来から柔術諸流派の技がありましたが、それを1882年に、嘉納治五郎が体育、修心、護身の観点からまとめてスポーツ化したものが柔道です。古武道のひとつであり、柔術から発展した武道で、投げ技、固め技、当身技を主体とした技法を持ちます。

明治時代に警察や学校に普及し、第二次世界大戦後には国際柔道連盟の設立やオリンピック競技に採用されるなど国際的に広まっています。多くの国では「Judo＝講道館柔道（嘉納治五郎がはじめた柔道）」となっており、今日では単に「柔道」といえばこの柔道を指します。柔道はスポーツ競技・格闘技ではありますが、講道館柔道においては「精力善用」「自他共栄」を基本理念とし、競技における単なる勝利を目的とするのではなく、身体・精神の鍛錬と教育を目的としています。

(2) 球技

①野球

野球がアメリカから日本に伝わったのは、1871年（明治4年）といわれています。

戦前から1950年代前半まではプロ野球よりも東京六大学野球などに代表される学生野球の人気の方が高かったのですが、1950年代後半に読売ジャイアンツの長嶋茂雄や王貞治といったプロ野球選手が国民的な人気を得ると、プロ野球が六大学野球に代わり、今日の野球人気を担っています。2019年の民間の調査でも好きなプロスポーツはプロ野球が１位となっています。プロ野球には日本各地に本拠地を持つ12の球団（チーム）があり、野球は実際に参加するスポーツというよりは、観戦スポーツとして楽しむ人が多い傾向にあります。また、日本では、阪神甲子園球場で毎年３月から４月と８月に行われる高校野球が春と夏の風物詩として定着しています。日本では伝統的に野球が盛んに見えますが、中学生の野球チームに所属する少年の数は近年大きく減少しているという統計もあり、野球の競技人口の減少が明らかになっています。

②サッカー

1873年（明治６年）にイギリス海軍の軍人が、東京で日本人の海軍軍人に訓練の余暇としてサッカーを教えたことが、日本でサッカーが紹介された最初というのが定説になっています。その後スポーツ競技としてサッカーは普及しましたが、海外での人気に比べると観戦するスポーツとしての日本のサッカーはそれほど人気のない時代が続きました。1993年にプロサッカーリーグ「Ｊリーグ」が10クラブで創設・開始されたことから人気が高まり、1998年に日本代表が初めてワールドカップに出場したときは、日本国中の注目を集めました。現在、民間の調査ではサッカーはプロスポーツでの中で、野球に次ぐ２位の人気を誇っています。女子サッカーにおいては、日本代表は世界トップクラスの実力を備えており、2011年のドイツワールドカップでは優勝しています。2023年現在 JFA 登録選手数は約83万人で、参加人口では10歳から14歳の参加率が最も高く（2021年）、５人に１人がサッカーをしている計算になります。

③ラグビー

日本のラグビー人口は10.9万人で世界第11位です（2019年）。2019年に４年に一度のラグビーワールドカップが日本で開催されたことで、認知度が高まるとともに社会現象にもなりました。開催前は40代～60代の男性の認知度や関心度は高かったものの、女性や若者の関心度は低く女性では２割にとどいていませんでした。日本代表の初の８強入りなどの活躍でこれまでラグビーを見たことがない人もその面白さに気づき、日本チームの試合では国民の半数近い5,480万人がテレビで観戦したともいわれています。日本でのラグビーも参加するスポーツというより、観戦するスポーツとして楽しまれています。

④テニス

日本のテニスの歴史は、1879年にアメリカ人教師により紹介されたのが始まりと伝えられています。昭和初期ごろから、レジャースポーツとして多くの人がテニスをするようになりました。当時の日本のテニスは軟式が主流でした。第２次世界大戦後、高度成長期の日本でテニスは空前のブームとなりました。アンダースコートを履いた本格的なテニスウェア、ラケット、テニスシューズなどを一式そろえ、休日にはテニスをたしなむというライフスタイルが定着しました。近年は錦織圭選手や大坂なおみ選手など日本人選手の国際的な活躍もあり、好きなプロスポーツの調査ではテニスの人気は４位となっています。

4 娯楽

日本生産性本部余暇総研の2022年版の「レジャー白書」によりますと、2021年の日本の余暇市場は55兆7,600億円でした。この数字は2020年からの新型コロナウイルス感染症流行の影響をうけています。感染症流行の影響をうける前の2019年の余暇市場は72兆2940億円でした。感染症流行のため、外出や移動を伴う多くの活動が制限され、参加人口は減少しました。

2019年の種目別余暇活動の参加人口は、「国内観光旅行」が最多で、２位が「外食」でした。４位が「ドライブ」でした。これらの外出する余暇活動はコロナ禍では制限され、2021年には「国内観光旅行」は６位、「外食」は４位、「ドライブ」は７位と、順位がさがりました。かわって2021年に最も多かった余暇活動は2019年には３位だった「読書」でした。続いて２位は「動画鑑賞」、３位が「音楽鑑賞」で、外出せず家のなかで行う活動が上位になりました。

以下の表は2019年と2021年の余暇活動参加人口の上位20種目です。

【2019年】

順位	余暇活動種目	万人
1	国内観光旅行（避暑、避寒、温泉など）	5,400
2	外食（日常的なものは除く）	4,350
3	読書（仕事、勉強などを除く娯楽としての）	4,110
4	ドライブ	3,960
5	映画（テレビは除く）	3,740
6	複合ショッピングセンター、アウトレットモール	3,550
7	音楽鑑賞（配信、CD、レコード、テープ、FMなど）	3,540
8	動画鑑賞（レンタル、配信を含む）	3,510
9	動物園、植物園、水族館、博物館	3,330
10	ウォーキング	3,220
11	カラオケ	2,980

【2021年】

順位	余暇活動種目	万人
1	読書（仕事、勉強などを除く娯楽としての）	3,700
2	動画鑑賞（レンタル、配信を含む）	3,690
3	音楽鑑賞（配信、CD、レコード、テープ、FMなど）	3,420
4	外食（日常的なものは除く）	3,290
5	ウォーキング	3,240
6	国内観光旅行（避暑、避寒、温泉など）	3,230
7	ドライブ	2,850
8	映画（テレビは除く）	2,780
9	SNS、ツイッターなどのデジタルコミュニケーション	2,580
10	園芸、庭いじり	2,490
11	複合ショッピングセンター、アウトレットモール	2,470

【2019年】

順位	余暇活動種目	万人
12	温浴施設（健康ランド、クアハウス、スーパー銭湯など）	2,940
13	ウィンドウショッピング（見て歩きなど娯楽としての）	2,920
14	宝くじ	2,640
15	SNS、ツイッターなどのデジタルコミュニケーション	2,580
16	園芸、庭いじり	2,500
17	音楽会、コンサートなど	2,260
18	トランプ、オセロ、カルタ、花札など	2,190
19	体操（器具を使わないもの）	2,150
20	テレビゲーム（家庭での）	2,070

【2021年】

順位	余暇活動種目	万人
12	宝くじ	2,230
13	体操（器具を使わないもの）	2,190
14	ウィンドウショッピング（見て歩きなど娯楽としての）	2,180
15	テレビゲーム（家庭での）	2,100
16	温浴施設（健康ランド、クアハウス、スーパー銭湯など）	1,840
17	ジョギング、マラソン	1,820
18	トランプ、オセロ、カルタ、花札など	1,780
19	動物園、植物園、水族館、博物館	1,770
20	ペット（遊ぶ・世話する）	1,730

◆余暇時間の活用

内閣府がまとめた「国民生活に関する世論調査（2022年）」によると、自由時間が増えた場合にしたいことでは、すべての年齢層で旅行がもっとも多く、続いて趣味・娯楽となっています。一方、実際の自由時間の過ごし方では、趣味・娯楽がもっとも多く、続いてテレビやDVDなどの視聴や家族との団らん、睡眠・休養が上位となっています。

自由時間が増えた場合にしたいこと（年齢別、上位４項目　2022年）

（%）

	18～29歳		30～39歳		40～49歳		50～59歳		60～69歳		70歳以上	
１位	旅行	68.5	旅行	66.5	旅行	61.8	旅行	73.9	旅行	71.4	旅行	50.6
２位	趣味・娯楽	45.1	趣味・娯楽	46.2	趣味・娯楽	43.9	趣味・娯楽	48.1	趣味・娯楽	45.5	趣味・娯楽	41.0
３位	睡眠、休養	44.6	睡眠、休養	37.3	睡眠、休養	35.1	睡眠、休養	35.5	スポーツ	25.0	睡眠、休養	22.6
４位	友人恋人との交際	32.6	ショッピング	32.5	教養・自己啓発	30.2	教養・自己啓発	27.4	教養・自己啓発	24.7	家族との団らん	21.7

5 季節の行事

年中行事とは、１年の間に行われる儀式・行事のことです。もとは宮中で行われるものをいいましたが、後に民間の行事・祭事も年中行事というようになりました。私たちは普段、地球が太陽のまわりを１周する期間（365日）を１年と決めて作成される「太陽暦」を使用しており、さまざまな行事・祭事がその１年間に執り行われています。日本では1872年（明治５年）までは旧暦（太陰太陽暦）を用いていました。

古来、自然の景色の変化から季節の移り変りを把握する自然暦が使用されていました。飛鳥時代に、月の満ち欠けによって日を決定する太陰暦と、１年を15日ごとに割り振った二十四節気が中国から伝えられました。これらは時代の流れとともに少しずつ形を変えながら、現在も私たちの生活に根づいています。

新暦	1月	2月	3月	4月	5月	6月
	正月（1日）	節分（3日頃）	ひな祭（3日）		端午の節句（5日）	
旧暦	12月	1月	2月	3月	4月	5月
		正月（1日）	節分（3日頃）	ひな祭（3日）		端午の節句（5日）

新暦	7月	8月	9月	10月	11月	12月
	七夕（7日）	お盆（13日～16日）	十五夜（中旬～下旬）		七五三（15日）	
旧暦	6月	7月	8月	9月	10月	11月
		七夕（7日）、お盆（13日～16日）	十五夜（中旬～下旬）			七五三（15日）

（1）正月（お正月）

正月とは本来、その年の豊穣をつかさどる歳神様をお迎えする行事であり、1月の別名で、文化的には旧年が無事に終わったことと新年を祝う行事です。現在は、1月1日から1月3日までを三が日、1月7日までを松の内、あるいは松七日と呼び、この期間を「正月」と呼びます。（頭に「お」をつける「お正月」という呼びかたもよく使われます。）地方によっては1月20日までを正月とする（二十日正月・骨正月）こともあります。12月の最終の数日間と正月の数日間は、休日となることが一般的です。正月には、正月飾りをし、正月行事を行ったりお節料理を食べたりして、盛大に祝います。正月には前年お世話になった人や知人などに年賀状を送る習慣があり、これは、もともと年の初めに「お年始」として家に挨拶に行ったり人が訪ねて来たりすることが簡素化されたものともいえます。1月1日は「元日」と命名された国民の祝日です。

(2) 節分

節分とは、季節を分けるという意味があります。宮中での年中行事で季節の変わり目には邪気（鬼）が生じると信じられていたため、それを追い払うための悪霊ばらいの行事が行われていました。現在では2月3日頃に「鬼は外、福は内」というかけ声をかけながら豆まきを行います。関西地方の一部ではその年の福をつかさどる神様、歳徳神のいる方角を向いて、「恵方巻」という太巻き寿司を一本丸ごと食べる習慣もあります。

(3) ひな祭り

3月3日のひな祭りは「桃の節句」とも呼ばれ、ひな人形を飾り女の子の健やかな成長と幸せを願う日です。「桃の節句」という別名は、桃の開花期に重なるというだけでなく、桃の木が邪気を祓う神聖な木と考えられていたからといわれています。もともとは厄（よくないこと）を人形に移して川や海に流す「流し雛」の風習からはじまったといわれていますが、後に人形は流すものから飾るものへと変化し、現代の内裏雛をひな壇に飾る「ひな人形」となりました。5月5日の「端午の節句」が男の子の節句であるのに対し、3月3日は女の子の節句となり、定着していきました。ひな祭りに食べるひし餅や雛あられに見られる白・青・桃の3色はそれぞれ、雪の大地（白）・木々の芽吹き（青）・生命（桃）を表しており、この3色のお菓子を食べることで自然のエネルギーを授かり、健やかに成長できるという意味があります。

(4) 花見（3月〜4月頃）

お花見は豊作祈願の行事として、農民の間でも行なわれていました。桜は、春になって山からおりてきた田の神様が宿る木とされていたため、桜の咲き方でその年の収穫を占ったり、桜の開花期に種もみをまく準備をしたりするなど農耕行事との結びつきが深い民俗的行事でした。さらに、中国との交流が盛んだった奈良時代には、貴族の間では梅を見ることを花見としていましたが、平安時代からは桜を春の花の代表格として愛で、歌を詠み、花見の宴を開いて楽しむようになりました。この時季に咲きほこる桜の花を見て楽しむ風習は、「花見」として、江戸時代には広く庶民にも親しまれるようになりました。

(5) 端午の節句

5月5日の「端午の節句」とは、季節の節目を祝う日本の伝統的な式日である五節句の中のひとつで、「菖蒲の節句」ともいわれます。強い香気で厄を祓う菖蒲やよもぎを軒につるし、また菖蒲湯に入ることで無病息災を願いました。また、「菖蒲」を「尚武」という言葉にかけて、勇ましい飾りをして男の子の誕生と成長を祝う「尚武の節句」でもあります。江戸以降は男子の節句とされ、身を守る「鎧」や「兜」を飾り、「こいのぼり」を立てて男子の成長や立身出世を願ってお祝いをします。また、初節句（男の子が生まれて初めての節句）には「ちまき」を、2年目からは新しい芽がでるまで古い葉を落とさないことから「家督が途絶えない」縁起物として「柏餅」を食べます。日本では1948年に「こどもの日」として、国民の祝日に制定されました。

(6) 七夕

中国大陸・日本・韓国・台湾・ベトナムなどにおける節供・節日の一つです。五節句の一つにも数えられ、星祭りともいいます。七夕とは「7月7日の夕方」を意味しています。日本の「たなばた」は、元来、中国での行事であった七夕が奈良時代に伝わり、元からあった日本の棚機津女の伝説と合わさって生まれました。日本の七夕祭りは、新暦7月7日や月遅れの8月7日、あるいはそれらの前後の時期に開催されており、お盆（旧暦7月15日）に入る前の前盆行事として行う意味合いが強かったと思われます。全国的には、短冊に願いごとを書き葉竹に飾ることが一般的に行われています。短冊などを笹に飾る風習は、夏越の大祓に設置される茅の輪の両脇の笹竹に因んで江戸時代から始まったもので、日本独自の風習です。

(7) お盆

旧暦の7月15日を中心に行われる先祖供養の儀式で、先祖の霊があの世から現世に戻ってきて、再びあの世に帰っていくという日本古来の信仰と仏教が結びついてできた行事です。多くの地方で8月13日の「迎え盆」から16日の「送り盆」までの4日間をお盆としていますが、地方によっては7月いっぱいをお盆とする地域や旧暦通り7月15日を中心に行う地域などがあります。明治期の太陽暦（新暦）の採用後、新暦7月15日にあわせると農繁期と重なって支障が出る地域が多かったため、新暦の8月15日をお盆（月遅れ盆）とする地域が多くなりました。この時期は「お盆休み」として多くの会社は休みとなり、人々が故郷に帰省しますが、これは故郷を離れて暮らすことが一般化した昭和の後半から全国的に見られるようになったものです。8月15日は第二次世界大戦が終結した日でもあることから、先祖に加えて戦争で亡くなった親類縁者を共に供養することも少なくないと思われます。

盆踊りは「仏教由来のもの」とお盆に帰ってきた先祖の霊を慰める「霊鎮め」の意味を持つ行事です。現代ではお盆以外の時期に盆踊りを行うことがありますが、本来は旧暦7月15日の晩に盆踊りを行い、16日に精霊送りをするのもそのためです。盆踊りには日本の夏の風物詩として娯楽的な要素もあります。みんなで集まって踊ることで、地域の結びつきを深め、また、帰省した人々の再会の場でもありました。

（8）十五夜

旧暦の8月15日を「十五夜」「中秋の名月」といいます。「中秋の名月」とは「秋の真ん中に出る満月」の意味です。旧暦では1月～3月を春、4月～6月を夏、7月～9月を秋、10月～12月を冬としていたことから、8月は秋のちょうど真ん中であり、8月15日の夜に出る満月ということで、そう呼ばれるようになりました。「満ち欠けする月の様子」や「作物が月の満ち欠けとともに成長する」ことから、農作物の収穫・ものごとの結実・祖先とのつながりを連想し、それぞれに感謝し祈るようになったのが十五夜です。現在用いられている新暦では1か月程度のズレが生じるため、9月7日から10月8日の間に訪れる満月の日を十五夜・中秋の名月と呼んでいます。9月頃に収穫される「芋」をお供えすることから「芋の名月」とも呼ばれています。十五夜には、縁側やベランダ、窓辺などの月を眺められる場所に月見台を置き、満月のように丸い月見団子や里芋、果物などの供え物と魔除けの力があるとされたススキを供えるのが一般的な楽しみ方です。

（9）七五三

七五三とは、子供の成長を祝い、これからの健康を願う日本の伝統的な行事です。11月15日、数え年で、男の子は３歳と５歳、女の子は３歳と７歳でお祝いをします。七五三は、もともと関東圏のみで行われる地方行事でした。旧暦の15日は、二十八宿の鬼宿日（鬼が出歩かない日）にあたり、何事をするにも吉であるとされました。また、旧暦の11月は収穫を終えてその実りを神に感謝する月であり、その月の満月の日である15日に、氏神への収穫の感謝を兼ねて子供の成長を感謝し、加護を祈るようになりました。昔は乳幼児の死亡率が高かったため、７歳になるまでは、子供の成長を願う儀式がいくつも行われていましたが、七五三もその儀式の一つで、公家や武家で行われていたものが、一般に広まっていった行事です。子供たちは晴れ着を着て、千歳飴を持って家族に連れられ、神社にお参りし、記念撮影するのが一般的です。

6 祭り

稲作中心の社会が長く続いた日本では、豊作や病気を避けるために神に祈りをささげ、感謝するためのお祭りが全国各地で行われます。古代では五穀豊穣や平和などを願い、災いが訪れた際には退散を願うなど、祭りは常に人々の暮らしと密着したものでした。江戸時代には、より娯楽化されて神輿や獅子舞・花火といった派手な演出で庶民を中心とした大衆文化として定着していきました。明治時代に発令された「神仏分離令」により祭りが禁止された時期がありましたが、終戦後には日本の祭りを復興させようとする動きが盛んになり、それ以後は各地で行われるようになりました。

（1）日本三大祭り

「京都の祇園祭」「大阪の天神祭」「東京の神田祭」は歴史が長くて規模も大きく、日本を代表する三大祭りとも呼ばれています。「京都の祇園祭」は、869年の清和天皇の時代から、1100年以上も続く歴史ある祭りです。祭行事は７月１日～31日の１か月間に渡って行われます。クライマックスでは、「山」「鉾」などと呼ばれる山車が優雅に街を周ります。「大阪の天神祭」は、平安時代中期から続いている祭りで7月24日、25日の2日間に渡って開催され、船団が川をめぐる船渡御が最大の見どころで、多くの見物客が集まります。「東京の神田祭」は神田明神で行われ、2年に1度の開催で5月中旬に行われます。神輿を担いで街を練り歩いたり太鼓のフェスティバルが開催されたりする大規模なものです。

（2）日本各地の祭り

①さっぽろ雪まつり：北海道札幌市（2月上旬）

国内外から200万人以上の観光客が訪れる冬の祭りです。5トントラック300台分もの雪を使った、高さ12～15mにもなる大きな雪像や氷の像などが市内の会場に並びます。

②青森ねぶた祭：青森県青森市（8月2日～7日）

東北を代表する夏祭りで、大きな和紙でつくられた勇ましい人形を乗せた山車（ねぶた）が町を周ります。山車の周りで「ハネト」という踊り子が「ラッセラー」というかけ声で祭りを盛り上げます。

③仙台七夕まつり：宮城県仙台市（8月6日～8日）

豪華な笹飾りが仙台市内を埋めつくします。きらびやかな笹飾りは、くす玉をつけた吹き流しで、すべて和紙でできており、大きさは5～10mにもなります。

④三社祭：東京都台東区（5月第3週の金・土・日）

「三社様」ともよばれる浅草神社のお祭りで、江戸の風情を残した東京の初夏の風物詩として親しまれています。神輿が浅草の街を練り歩き、180万人の人が訪れます。

⑤越中八尾おわら風の盆：富山県富山市（9月1日～3日）

三味線、胡弓などの楽器によって奏でられる、越中おわら節という民謡の哀切感に満ちた旋律にのって、無言の踊り手たちが八尾の街を練り歩く「町流し」で知られるお祭りです。

⑥岸和田だんじり祭：大阪府岸和田市（9月中旬）

「だんじり」とは「地車」と書き、神社の祭りなどに用いられる屋台のことです。岸和田だんじり祭では、この「だんじり」を数百人の人たちが和太鼓などのお囃子にのって、曳きながら町を走ります。

⑦阿波おどり：徳島県徳島市（8月12日～15日）

400年を超える歴史を持つといわれる阿波おどりは、三味線、太鼓、鉦鼓、篠笛などの2拍子の伴奏にのって「連」というグループに分かれ、自由な印象の男おどりとしなやかな印象の女おどりで市中を練り歩きます。最近では、全国に広がりを見せ、各地で阿波おどりが行われています。

⑧博多どんたく港まつり：福岡県福岡市（5月3日・4日）

「松ばやし」という年始の芸に起源をもつ祭りで、800年以上の歴史があります。思い思いの仮装でしゃもじをたたきながら町を歩き、踊ります。約200万人もの見物客を集める祭りで、「どんたく」はオランダ語で休日を意味する「ゾンターク」が語源です。

7 冠婚葬祭

人生の節目となるお祝いごとと不幸に関する祭礼を指す語で、本来「冠婚葬祭」は、元服・婚礼・葬儀・祖先の祭祀の四つの儀式をいいます。「冠」は元服、転じて成人式を指し、「婚」は結婚式、「葬」は葬儀、「祭」は先祖を敬う祭祀を意味します。

（1）慶事

人生の中で起こるお祝いごと全般を慶事といいます。結婚、出産に限らず、七五三や成人式、還暦のように年齢にまつわるもの、引っ越しや新築といった住まいにまつわるものなど、さまざまな種類があります。身内や友人といったプライベートな関係に限らず、ビジネス上でも発生します。個人単位では上記のほかに就任や栄転、昇級などが、会社単位では新社長の就任や上場などが挙げられます。日本では、慶事のお祝いとして品物やお金を贈る習慣があります。

①慶事の種類

出産・七五三・婚姻・出産・結婚記念日・進学・入学式・昇進・栄転・新築・快気（病気がなおること）・長寿・成人式・開店・開業など。

②慶事（主に結婚式）のマナー

・招待状が届いた場合

まずは当事者にお祝いの言葉を贈ります。式に招待された場合は、出欠の返信をすぐにします。出席の際は、返信用のはがきにお祝いのメッセージを添えます。欠席をする場合はその旨を伝え、別途祝電などを贈ります。

・服装

結婚式などの慶事に参加する際はその場にふさわしい衣装を着て参加します。結婚式の披露宴に出席する女性の服装は、ドレス・ワンピース、着物（振袖・留袖・訪問着）のいずれかになります。ドレスは白・黒一色はマナー違反とされます。着物の場合、振袖と色留袖は独身女性だけが着用できます。男性は基本的にはスーツで、白いネクタイが一般的で、黒いネクタイはマナー違反です。スーツなら何でもよいわけではなく、派手な色のものは避けるのがマナーです。

・ご祝儀

お祝い（一般的にはお金）を送ることです。祝儀袋という紙袋にお金を入れます。入れるお金の額は相手との関係性により変わりますが、「１万」「３万」「５万」など割りきれない数字が一般的です。中に入れるお札は必ず新札を使います。祝儀袋の内袋に入れるときのお札の向きは、お札の肖像画が初めに出るように入れましょう。祝儀袋の外袋をたたむときは下の折り目の方が上に来るようにたたみます。

（2）弔事

弔事の読み方は「ちょうじ」で、人が亡くなったときに行うお通夜・お葬式（告別式）などお悔やみの行事のことを指します。親しい人が亡くなったときはお通夜またはお葬式に参列します。また、お葬式の後に一定の日時が過ぎてから行なわれる法事も弔事のうちに入ります。例えば、49日後に行なわれる四十九日などがあります。

①弔事のマナー

・訃報の知らせが届く

遺族にお悔やみの言葉を送ります。タイミングは訃報を受けたときや、お通夜・お葬式のときです。もし都合がつかない場合は、別の日に弔問して、簡潔にお悔やみの言葉を送ります。また、誰かに伝言を頼んだり、弔電を送るという手段もあります。

・お通夜・お葬式の日時を聞く

訃報の知らせを受けたら、お悔やみの言葉の後にお通夜とお葬式の日程を聞きます。お葬式の準備は忙しいので、訃報を連絡したい人を聞いて手伝うのもよいことです。

・服装

弔事にふさわしい服装を用意します。弔事に参列するときの服装は「喪服」といいます。派手な服装・私服では行かないようにします。女性は喪服のワンピースやスーツを着用し黒い靴を履きます。化粧は薄めにして地味さを重視します。男性はスーツの着用となります。中のワイシャツは白、ネクタイは黒を着用します。靴やバッグも金具の多いものや光沢のあるものはふさわしくないとされています。ほかには動物の皮や柄は殺生を連想するため避けるべきとされています。

・香典

香典（ご遺族に渡すお金の入った袋）を用意します。一般的に故人との関係を考慮した金額を包みますが、弔事の場合は新札を使いません。新札を入れる場合は、一度折り目をつけて入れます。内袋に入れるときは、お札を裏向きにして肖像画が出ないように入れます。不祝儀袋の外袋に入れるときは、裏面の折り目は上が一番手前に来るようにします。香典袋の表書きは、「御香典」「御霊前」「御花代」など、宗教や地域によって異なるので注意が必要です。わからないときは「御霊前」が無難といわれていますが、できれば知り合いの人に聞いてみましょう。また、香典を渡すタイミングは、お通夜かお葬式の焼香前となります。通常は式の入口の受付で渡します。遺族が香典を辞退している場合もあるので、そのときは渡すのを控えましょう。

「弔事」の方式、マナーは、地方によって大きく異なります。例えば香典を渡す習慣がない地域もあります。この本では、関東地方の習慣をもとにして記述していますので、弔事に参加するときは、念のため、知り合いの人に聞いたり、インターネットで調べてみましょう。

Chapter 3

教育（きょういく）・医療（いりょう）・結婚（けっこん）・出産（しゅっさん）

1 日本の教育制度

日本の教育制度は、初等教育（小学校６歳～12歳）、中等教育（中学校・高等学校12歳～18歳）、高等教育（専門学校、大学、大学院など18歳以上）の３つに分けられます。

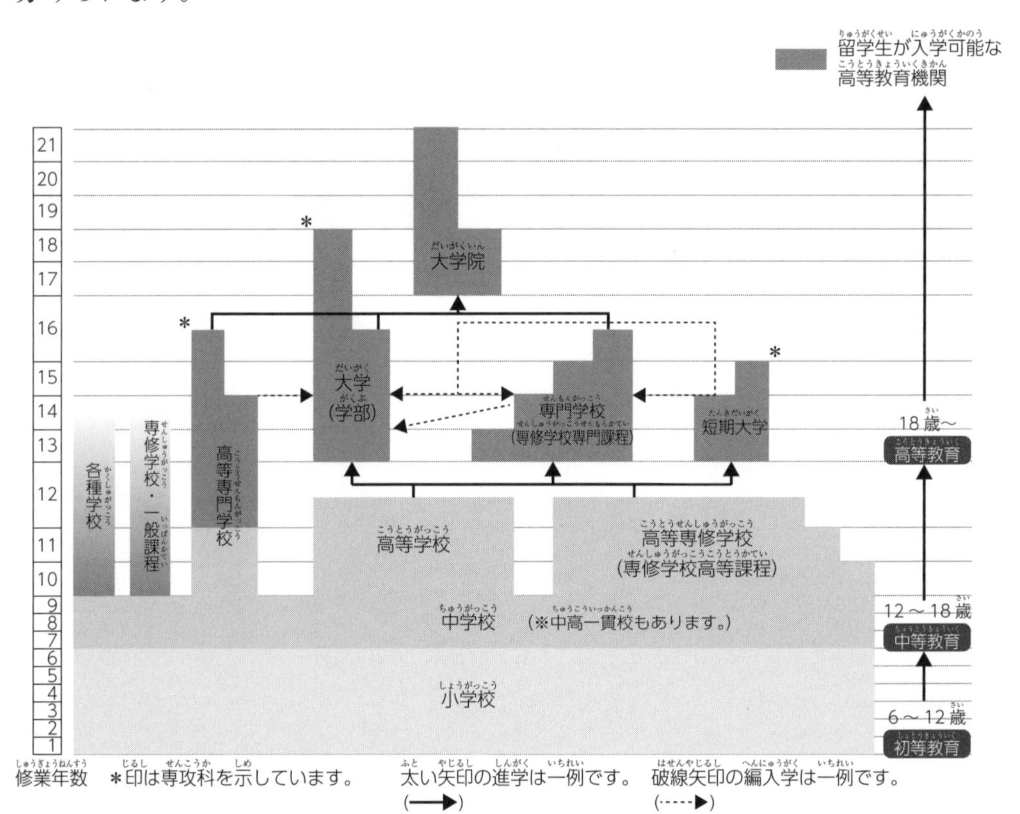

1 義務教育

日本の義務教育は小学校６年間、中学校３年間の合計９年間と学校教育法で定められています。子どもの保護者などは、その子どもに教育を受けさせる義務があります。

（1）小・中学校

日本では、義務教育機関として、最初の６年間は小学校などに、残りの３年間は中学校などに通うことになります。義務教育を受ける学校は、基本的に各市町村による公立の学校です。国立や私立の学校を希望する場合は、各学校の入学試験を受けるなどにより、入学許可を得る必要があります。

日本の小・中学校数　（校）

種別	国立	公立	私立	合計
小学校	67	18,669	244	18,980
中学校	68	9,095	781	9,944

文部科学省「令和５年度学校基本調査」より

①義務教育の内容

小学校から中学校における義務教育として行われる普通教育は、教育基本法により「各個人の有する能力を伸ばしつつ社会において自立的に生きる基礎を培い、また、国家及び社会の形成者として必要とされる基本的な資質を養うことを目的として行われる」とされています。小学校や中学校における授業内容としては国語、社会、算数・数学、理科、音楽、図画工作、美術、体育・保健体育、技術、家庭、道徳、外国語、総合的な学習、特別活動などを挙げることができます。

②義務教育の費用など

義務教育にかかる授業料については、教育基本法において、公立・国立については、授業料を徴収しない（無償）と定められており、教科書については、私立も含めて無償となっています。

項目	国立	公立	私立
入学試験	あり	なし	あり
授業料	無償	無償	有償
教科書	無償	無償	無償

一方で、授業料・教科書以外の費用である給食や習字道具・文具などの学用品類、修学旅行費やPTA（親と先生による団体）会費などは、私立だけでなく、公立・国立も有償とされています。

（2）就学年齢

日本では、満６歳の誕生日以後の最初の４月１日から９年間（満15歳に達した日以後の最初の３月31日まで）と定められています。４月１日生まれの子どもの学年は、翌日の４月２日以降生まれの子どもの学年より一つ上、ということになり同じ学齢（１学年）は４月２日生まれから翌４月１日生まれまでの子どもで構成されることになります。

（３）就学時期

江戸時代に存在した学校である、寺子屋、藩校、私塾では特に入学時期が定められておらず、いつでも入学することができました。その後、明治時代になると、欧米や西洋の教育が導入されるようになり、欧米と同じように高等教育では９月入学が一般的となっていました。しかし、国が始めた富国強兵政策により政府の会計年度が４～３月に行われるようになったため、軍隊の入隊届け出開始期間が４月より行われたことで、４月入学へと変化するようになりました。大正時代になると、高等学校や大学についても４月入学へと変わり現代まで続いています。

2 高等学校

（１）高等学校の種類

日本における義務教育後の高等学校（高校）への進学率は98.8%※となり海外と比べて高い進学率となっています。

日本の高等学校数（校）

種別	国立	公立	私立	合計
高等学校	15	3,455	1,321	4,791

文部科学省「令和５年度学校基本調査」より

日本の高校の種類は、次の「授業を行う時間帯、季節、方法」、「学科」、「学年による教育課程の区分の有無」の３つの観点から分類することができます。

※文部科学省「高等学校教育の現状について（令和３年３月）」より

①授業を行う時間帯、季節、方法

全日制高校	授業は日曜・祝祭日、夏休みなどの季節休暇を除いた週5～6日が基本です。1日6時間程度の授業があり、基本的には毎日学校に通って授業を受けます。
定時制高校	1日の授業時間が少なく、夜に通う「夜間制」と昼に通う「昼間制」などがあります。働きながら通う人も多く、生徒の年齢層が幅広いのも特徴です。
通信制高校	基本的には、学校に通わずに家で勉強する高校。通学は年に数日程度。

②学科

普通科	一般的学習である普通教育を主とする学科です。3年間、決められた学年にて決められた時間割で学習します。多くの学校では進級につれて、文系コースや理系コースなどに分かれます。
専門学科（職業学科）	専門的学習である専門教育を主とする学科です。工業科や商業科、農業科、国際科など、主に職業に活かせる科目を学ぶ学校です。
総合学科	一般的学習である普通教育と専門的学習である専門教育を総合的に施す学科です。多くの科目の中から履修したい科目を選んで時間割をつくります。

③学年による教育課程の区分の有無

学年制	学年制は、一定の成績と出席日数を修めると次の学年に進級し、3年生を終えると卒業するという仕組みで、多くの全日制高校が採用しています。
単位制	単位制は、一定の成績を修めると単位を修得し、定められた数の単位を修得すると卒業できます。多くの単位制高校では習得する単位を一定の中から自由に選択することが可能となっています。

（2）就学援助

家庭の経済状況により、以前は進学を諦める生徒が少なくありませんでしたが、進学の機会を平等にするため、2014年から高等学校の費用を国が一部負担する制度「高等学校等就学支援金」が開始されました。世帯の年収（910万円未満）の制限はありますが、国立・公立高等学校については、この制度により、授業料が実質無償となります。また、私立高等学校についても2020年４月より高等学校等就学支援金の上限額が引き上げられ、年収590万円未満の世帯を対象に、私立高等学校授業料の実質無償化となっています。

3 高等教育機関

（1）高等教育機関の種類

日本の高等教育には、基本的に、初等教育（小学校６年間）及び中等教育（中学校３年間、高等学校３年間）の12年間を修了してから進学することができます。留学生が入学可能な高等教育機関は、大学院、大学、短期大学、高等専門学校、専門学校の５つに大別されます。

日本の高等教育機関の学校数　（校）

種別	国立	公立	私立	合計
大学院	86	90	485	661
大学	86	102	622	810
短期大学	0	15	288	303
高等専門学校	51	3	4	58
専門学校	8	178	2,507	2,693

文部科学省「令和５年度学校基本調査」より

【高等教育機関の種類】

種類	学位	概要
大学院	博士／修士	修士課程：修業年限２年。博士課程：修業年限５年。多くは前期課程（２年：上記修士課程に相当する）と後期課程（３年）に分かれています。ただし、医学、歯学、薬学、または獣医学の博士課程（医・歯・薬・獣医学部６年の課程の修了後に進学できる）の修業年限は４年です。５年一貫制の博士課程、後期３年のみの博士課程を置く大学もあります。
大学	学士	日本の大学には、国立、公立、私立の３種類があります。大学の修業年限は４年。ただし、医学、歯学、薬学、または獣医学の場合は６年です。
短期大学	短期大学士	修業年限は２年または３年です。家政系、人文系、教育系、及び社会系の学科が過半数を占めています。
高等専門学校	準学士／学士	高等専門学校は、中学校卒業者を対象に５年間（商船に関する学科は５年６ヶ月）の一貫した教育を行い、職業に必要な能力を育成することを目的としています。高等専門学校には、工業関係の学科のほか、商船に関する学科やその他の分野の学科が設置されています。
専門学校	高度専門士／専門士	専門課程を置く専修学校を「専門学校」と呼んでいます。専門学校には専門課程、高等課程、一般課程の３つの種類があります。高等教育機関に該当するのが、専門課程です。修業年限は１年以上４年以下です。

（2）入学試験

多くの学校では、日本人受験者を対象とした入学試験のほか、外国人（留学生）を対象とした入学試験も行っています。次のような項目を複数組み合わせて選考します。学校によって試験の方法が異なるので、学校の受験案内などで確認しましょう。

No	試験内容	No	試験内容
1	書類審査	5	その他の能力・適性に関する検査
2	学力検査	6	日本留学試験（EJU）
3	面接	7	日本語能力試験（JLPT）
4	小論文・作文	8	大学入試センター試験

■日本留学試験（EJU）

外国人留学生として、日本の大学（学部）などに入学を希望する者について、日本の大学などで必要とする日本語能力及び基礎学力の評価を行うことを目的に実施する試験です。大学学部の入学試験においては、国立大学法人の95％、公立大学の57％が、日本留学試験の受験を義務づけています。私立大学でも58％が日本留学試験の受験を必要としています。日本留学試験は、毎年６月と11月の年２回実施されます。日本国内の他、アジアのいくつかの国で実施されています。

以下の科目から受験希望の大学などが指定する受験科目を選択して受験します。

1．日本語：125分・450点

2．理科（物理・化学・生物）：80分・200点、または総合科目：80分・200点

3．数学コース１（文科系）または、コース２（理科系）：80分・200点

※理科と総合科目を同時に選択することはできません。また、理科を選択する場合は物理・化学・生物の中から２科目を選択します。

■日本語能力試験（JLPT）

日本語を母語としない者を対象に、日本語能力を測定し、認定することを目的に行われる試験です。７月と12月に、日本国内外で実施されます。

（3）日本への留学

①高等教育機関の入学資格

【大学・短期大学・専門学校】

No	条件
1	外国において、学校教育における12年の課程を修了した者
2	外国における、12年の課程修了相当の学力認定試験に合格し、18歳に達した者
3	日本において、外国の高等学校相当として指定された外国人学校を修了した者
4	外国において、11年以上の、文部科学大臣に指定された課程を修了した者
5	国際バカロレア、ドイツのアビトゥア、フランスのバカロレア資格を保有するか、GCEA レベル試験について、学校が個別に定める成績を満たした者
6	国際的な評価団体〈WASC、CIS、ACSI〉の認定を受けた教育施設に置かれる12年の課程を修了した者
7	高等学校卒業程度認定試験に合格し、18歳に達した者
8	学校教育法に定める上記以外の入学資格のいずれかの条件を満たす者
9	学校において個別の入学資格審査により、高等学校を卒業した者と同等以上の学力があると認めた者で、18歳に達した者

※1～3について、12年未満の課程の場合、かつ外国において、指定された課程を修了していない場合は、さらに指定された準備教育課程または研修施設の課程などを修了することが必要となります。

※専門学校の場合は、別途以下の日本語要件のいずれかを満たす必要があります。

・法務大臣が告示をもって定める日本語教育機関で、６か月以上の日本語教育を受けた者

・日本国際教育支援協会及び国際交流基金が実施する日本語能力試験（JLPT）のN1またはN2に合格した者

・日本の小学校、中学校、または高等学校において１年以上の教育を受けた者

・日本留学試験（EJU）〔日本語科目（読解及び聴解・聴読解の合計）〕200点以上

の取得者

・日本漢字能力検定協会が実施するBJTビジネス日本語能力テスト400点以上の取得者

【修士課程、博士課程（前期）】

No	条件
1	日本の大学を卒業した者
2	大学改革支援・学位授与機構（NIAD-QE）により学士の学位を授与された者
3	外国において、学校教育における16年（医学、歯学、薬学または獣医学を履修する博士課程については18年）の課程を修了した者
4	外国の大学、外国に置かれている学校のうち大学に相当する学校において、修業年限が３年以上（医学、歯学、薬学または獣医学を履修する博士課程については５年）の課程を修了することにより、学士の学位に相当する学位を授与された者
5	日本において、外国の大学の課程を有するものとして指定された教育施設の16年の課程を修了した者
6	指定された専門学校の課程を修了した者
7	大学院において、個別の入学資格審査により、大学を卒業した者と同等以上の学力があると認めた者で、22歳に達した者

【博士課程（後期）】

No	条件
1	日本の修士の学位や専門職学位を有する者
2	外国において、修士の学位や専門職学位に相当する学位を授与された者

No	条件
3	日本において、外国の大学院の課程を有するものとして指定された課程を修了し、修士の学位や専門職学位に相当する学位を授与された者
4	大学を卒業し、大学、研究所（外国の大学・研究所を含む）などにおいて2年以上研究に従事した者で、大学院において、修士の学位を有する者と同等の学力があると認めた者
5	大学院において、個別の入学資格審査により、修士の学位または専門職学位を有する者と同等以上の学力があると認めた者で、24歳に達した者
6	国際連合大学の課程を修了し、修士の学位に相当する学位を授与されたもの

【高等専門学校】

No	条件
1	外国において、学校教育における11年以上の課程を修了した者及び修了見込みの者
2	外国における11年以上の課程修了相当の学力認定試験に合格した者及び合格見込みの者
3	日本において、外国の高等学校相当として指定された外国人学校を修了した者及び修了見込みの者
4	外国において、スイス民法典に基づく財団法人である国際バカロレア事務局が授与する国際バカロレア資格を取得した者及び取得見込みの者
5	外国において、ドイツ連邦共和国の各州において大学入学資格として認められているアビトゥア資格を取得した者及び取得見込みの者
6	外国において、フランス共和国において大学入学資格として認められているバカロレア資格を取得した者及び取得見込みの者

No	条件
7	国際的な評価団体（WASC、CIS、ACSI）の認定を受けた11年の外国人学校の課程を修了した者及び修了見込みの者
8	高等学校卒業と同等以上の学力を有すると認められる者

【日本語学校】

日本語を初歩から学ぶことのできる学校です。日本語のみを学ぶことを目的とする学校・課程と専門学校・大学などへの進学を目的とする学校があります。同じ日本語学校の中に複数の課程がありますので、日本語学校を選ぶだけではなく、目的にあった課程を選びましょう。また、入学資格については、選択する学校や課程により変わりますので各学校に確認するようにしましょう。なお、日本語学校を卒業しても学位は取得できません。

②プログラム

■英語で学位を取得するプログラム

日本の大学のグローバル化に伴い、大学や大学院では、日本語学習が障壁とならない英語による授業のみで学位を取得できるプログラムです。

■短期プログラム

学位取得を目的とせず、他国・地域の大学などにおける学習、異文化体験、語学の習得などを目的として、概ね１学年以内の１学期間または複数学期、教育を受けて単位を修得し、または研究指導を受けるプログラムです。

■編入学

編入学・転入学制度を利用しての留学です。

③奨学金

名称	対象者	支給金額
日本政府（文部科学省）奨励金	大学院レベル	研究生：月額 143,000円 修士課程：月額 144,000円 博士課程：月額 145,000円
	学部レベル（高等専門学校、専門学校を含む）	月額 117,000円
	ヤング・リーダーズ・プログラム留学生	月額 242,000円
文部科学省留学生学習奨励費（留学生受入れ促進プログラム）	大学院レベル	月額 48,000円
	学部レベル（高等専門学校、専門学校を含む）	月額 48,000円
	日本語教育機関	月額 30,000円
地方自治体等奨学金	各地方自治体などによって対象・支給金額が異なります。	
民間団体奨学金	各民間団体などによって対象・支給金額が異なります。	
学内奨学金授業減免・免除制度	各学校によって異なります。	

2 日本の医療機関・制度

1 病院とクリニック

2022年度のデータによると日本全国の医療機関の施設数は、181,093施設あります。

医療機関は一般的に「病院」と「診療所」(クリニック、医院)の2つに分けられます。病院は、複数の診療科と20以上の病床(ベッド数)を持つ医療機関です。病院はさらに、先進的な医療に取り組む国立病院、大学病院、企業立病院といった大規模病院や、地域医療を支える中核病院、地域密着型病院などの種類に分けられます。全国に8,156施設あります。

一方診療所は、「クリニック」、「医院」、「○○内科」、「○○整形外科」などの名前で、病床数が1～19の有床診療所と、病床を持たない無床診療所が全国に105,182施設あります。そのほか、「歯医者」の歯科診療所が67,755施設あります。

日本全国の医療機関の施設数

種類	施設数
病院	8,156
一般診療所	105,182
歯科診療所	67,755
合計	181,093

厚生労働省「令和4年医療施設(動態)調査・病院報告の概況」より

(1)病院の種類

病院は医療法により、公的組織以外には医療法人・学校法人・社会福祉法人などの非営利組織にしか設立が認められていません。

種類	開設者の内容
国立病院	厚生労働省/独立行政法人国立病院機構/国立大学法人/独立行政法人労働者健康福祉機構/国立高度専門医療研究センターなど

種類	開設者の内容
公立・公的・社会保険関係団体病院など	都道府県／市区町村／地方独立行政法人／日本赤十字社／済生会／国民健康保険団体連合会など
私立大学病院	私立大学医学部の附属病院
一般病院	公益法人／医療法人／社会福祉法人など

(2) 病院の規模と役割

種類	機能の内容
特定機能病院	高度医療を提供し、医療技術の開発・評価を行い、研修ができる病院。400床以上の病床数をもち、厚生労働大臣によって承認される。
地域医療支援病院	一次医療を担う「かかりつけ医」を支援し、専門外来や入院、救急医療など地域医療の中核を担う体制を備えた病院。200床以上の病床数をもち、都道府県知事によって承認される。
その他の一般病院	特定機能病院、地域医療支援病院以外の病院。地域医療を担う「かかりつけ医」地域密着型の病院。

(3) 病院の選択

多くの医療機関はそれぞれ役割が分かれています。診療所やクリニックは日常的な病気やけがの治療、中小病院は手術や入院が必要な場合や救急医療を要する場合、大病院は重症の救急患者や高度な医療を要する患者への医療というように、医療機能に応じた役割分担をし、連携して地域の医療を支えています。軽度の病気やけがであれば、まずは、身近な診療所に行きましょう。受診の際には、大病院受診時のような定額料金※がかからないため、医療費も節約できます。

※紹介状なしで、大病院で初診を受ける場合は7,000円（歯科の場合は5,000円）以上、他の病院・診療所への紹介を受けたにもかかわらず再度同じ大病院を受診する場合は3,000円（歯科の場合は1,900円）以上の特別な料金を、診察料とは別に必ず支払うことになります。

①診療時間

休日や夜間に受診すると追加の費用がかかります。また、日中とは診療体制も異なり、検査なども十分にできないことがあります。やむを得ない場合を除き、時間外受診は控えましょう。

②医療機関を探す

身近な医療機関を探したいときには、「医療情報ネット」を活用してみましょう。医療情報ネットとは、住民や患者が医療機関を適切に選択するために必要な情報を、都道府県がインターネットなどを通じて提供するサービスです。

2 診療科の種類

医療機関には、臓器・身体の部位、症状による診療科に分類されています。内科は、臓器や病態別に細分化されています。小児科は通常15歳未満を対象とします。ただし、15歳という年齢が法律によって規定されているわけではありません。

外科の場合には、専門の外科へは一般外科からの紹介で診療を受けることが多いようです。ほかにも、整形外科・耳鼻咽喉科・眼科・泌尿器科・脳神経外科など、病気の種類や臓器別の専門科に直接かかったほうがよいこともあります。

診療科		おもな症状の例
内　科	消化器内科	胸やけ、吐き気・嘔吐、食べ物がつかえる、腹痛、吐血、下血（赤い便）、黒い便、下痢、便秘、黄疸、体重減少をともなう食欲不振、検診での肝障害、胃レントゲン異常、便潜血陽性

診療科		おもな症状の例
内科	呼吸器内科	咳・痰、血痰、呼吸が苦しい（呼吸困難）、検診での胸部レントゲン異常
	循環器内科	胸痛、胸部圧迫感、失神、動悸、高血圧、脈の乱れ（不整脈）、検診での心電図異常
	腎臓内科	むくみ（浮腫）、尿の量が多い・少ない、検診での尿蛋白
	糖尿病内科	のどが渇く、尿の量が多い、汗がひどく手指がふるえる、食欲があるのに体重が減った、検診での高血糖
	血液内科	原因不明の高熱、リンパ腺の腫れ、出血しやすい、多発性関節痛、検診での貧血、白血球数の異常
	神経内科	頭痛、しびれ、めまい、物忘れ、ふるえ、けいれん、意識障害、力が入らない、筋肉がやせる、呂律（ろれつ）が回らない、体がふらつく
小児科		一般的には中学生までの病気。予防接種、乳児検診
外科	消化器外科	食道・胃腸・胆嚢・肝臓・膵臓疾患の手術 内視鏡外科
	乳腺外科	乳房のしこり、のどの腫瘤
	脳神経外科	頭痛、意識障害、けいれん、麻痺、しびれ、めまい、言語障害、頭部外傷
	心臓血管外科	腹部の拍動性腫瘤、下肢の静脈が膨れている、下肢が痛い・だるい・むくんでいる、しばらく歩くと下肢が痛く歩けなくなる、足に潰瘍ができやすい

診療科		おもな症状の例
外科	形成外科・美容外科	顔、手足などの体表面の先天奇形、外傷、癌手術などにより生じた変形の修復（乳房再建、顔面再建など）。シミ、アザ、黒子の治療、熱傷（やけど）治療、腋臭症、腋窩多汗症の治療。美容外科治療もある
	肛門外科	排便痛・血便・便通の異常・痔核など
産科		妊娠、出産、不妊治療
婦人科		無月経、月経不順、月経痛（生理痛）、月経前不快感、下腹部が痛い、腰が痛い、下腹部にしこりがある・膨らんで張ってくる、下腹部のひきつれ感、出血する、おりものが多い、発熱、外陰部のできもの・かゆみ・いたみ・不快感、子宮が下がる、自律神経症状（更年期障害症状をふくむ）・汗かき・手足や全身の冷えのぼせ・頭痛・頭重感・肩こり・不眠・動悸・めまい・不安感・いらいらなど。排尿痛、頻尿、尿もれ、性感染症（性病）、性の悩みなど
整形外科		骨折、脱臼、捻挫、打撲などのけが。膝や肩などの関節の痛み、首や背中や腰の痛み、朝起きて手がこわばるなどのリウマチ症状、出血を伴う傷
精神科・心療内科		不眠、不安感、抑うつ感、摂食障害、幻覚妄想、物忘れ、てんかん、総合失調症、神経症、うつ病、アルツハイマー病、人格障害、不登校、小児のこころの問題
眼科		眼がかゆい・痛い、涙が出る・出ない、ぼやける、遠くが見えない、近くが見えない、異物が見える、見える範囲が変だ、目脂が多い、目に異物が入った、物が眼にぶつかった

診療科	おもな症状の例
耳鼻咽喉科	耳が痛い。耳がかゆい、耳から汁が出る、耳のふさがり感、耳鳴りする、次第に聞こえなくなっている、突然聞こえなくなった、めまいがする、鼻水、くしゃみ、鼻がつまる、膿や血が混じる鼻水、鼻が痛い、頬が腫れている、頬が痛い、鼻血がでる、のどが痛く飲み込めない、声がかすれる、のどに異物感がある
泌尿器科	血尿、わき腹の痛み、頻尿、残尿感、排尿痛、膿尿、尿量の増加・減少、尿失禁、夜尿症、膀胱尿道陰茎の損傷、包茎、亀頭包皮の痛みや腫れ、陰茎の腫瘤、陰嚢の腫大、陰嚢の痛み、勃起障害、男性不妊、射精障害、血精液
皮膚科	皮膚・粘膜（口内・陰部）に生じたいろいろな皮疹、かゆみのある皮疹、痛みのある皮疹、色素性病変（黒、白、青、黄、紫）、毛髪異常（脱毛、多毛）、爪の異常（変形・白い）、皮膚の腫瘍（急に大きくなった、治りにくい、崩れてきた）
歯　科	歯、歯肉の痛み、歯並びやかみ合わせの異常

3 薬局とドラッグストア

（1）医薬分業

医薬分業とは、病気になり医師の診断を受けた際に、病院・診療所で薬をもらう代わりに「処方せん」をもらい、その処方せんに基づいて薬局やドラッグストアで薬を調剤してもらう方式のことをいいます。

処方せんには薬の種類、使い方が書いてあり、薬剤師が、患者の体質や今まで服用した薬の状況などの記録を基に、書かれている薬の量や飲み合わせなどを確認のうえ調剤します。そして、薬をわたす際に、薬の正しい服用方法、留意点などについて、わかりやすく患者に説明します。このように病院で診察する医師と薬を調剤する薬剤師がそれぞれの業務を分担して行うことを医薬分業といいます。

（2）保険（調剤）薬局

調剤薬局は薬剤師が常駐しており、調剤室で薬を調剤することができる機能を持っています。

一般用医薬品（風邪薬など）を販売しているところではなく、調剤という医療を提供する場所です。ドラッグストアとの違いは日用品の販売などがなく、一般用医薬品も販売していないところが多いです。主に病院や診療所からの処方せんを持参して薬を処方してもらいます。

（3）ドラッグストア

ドラッグストアは、本来調剤を行わずに一般用の医薬品を販売するだけでなく、日用雑貨や化粧品などの取り揃えもある日用品のコンビニエンスストアのような店舗が多くなっています。また、近年医薬分業が進んで院外に処方せんを出す病院が増えてきたため、薬局として薬剤師が常駐している店舗も増加の傾向にあります。

4 公的医療保険

健康保険とは、自分や家族の健康のための保険です。日本では、いざというときに安心して医師による診察が受けられるように、すべての人に対して何らかの公的医療保険に加入することを義務づけています。これを「国民皆保険」といいます。社会全体で、病気やけがといった危険を分かち合うことで、医療費の負担額が軽減され、また国民が適切な医療を受ける機会を平等に保障する仕組みとなっています。

医療保険は、会社員・公務員などの職域を基にした「健康保険」と、その他、個人事業主など、市区町村などの居住地を基にした「国民健康保険」、75歳以上（寝たきりなど、一定の障害があると認定された者は、65歳以上）の高齢者などが加入する「後期高齢者医療制度」に大きく分けられます。

「健康保険」は、民間企業で働く従業員とその者に扶養される家族が加入する保険です。主に大企業で働く従業員が加入している「組合健保」と主に中小企業で働く従業員が加入している「全国健康保険協会（協会けんぽ）」、公務員や私立大学職員が加入する「共済組合」の３種類があります。

医療保険制度別加入者

種類	内容		加入者数
健康保険	健康保険組合	主に大企業で働く従業員	約2,838万人
	協会けんぽ	主に中小企業で働く従業員	約4,027万人
船員保険	船長及び乗組員、商船大学の学生、予備船員		約11万人
共済組合	国家公務員、地方公務員、私学の教職員		約869万人
国民健康保険	健康保険に加入している従業員以外の人（自営業者、農業者、学生、無職の人など）		約2,805万人
後期高齢者医療制度	75歳以上の方および65歳～74歳で一定の障害の状態にあることにつき後期高齢者医療広域連合の認定を受けた人		約1,843万人

厚生労働省「医療保険に関する基礎資料 令和３年度の医療費等の状況（令和５年12月公表）」より

医療保険による医療を受ける場合、医療機関で被保険者証などを提示し、一部負担金を支払うだけで医療が受けられます。一部負担金は、かかった費用の原則３割（義務教育就学前は原則２割、70歳以上75歳未満は原則２割、75歳以上は原則１割）で、残りは各医療保険から支払われます。

5 健康保険

一定の条件を満たしている事業所や勤務する従業員は、健康保険の加入が義務づけられています。正社員だけでなく、パートやアルバイトも対象となっています。すべての健康保険は、事業主と社員が半分ずつ負担します。社員の給与や賞与から天引きされ会社がまとめて支払います。

（1）加入対象者

一定の条件を満たした会社は、必ず健康保険に加入が義務づけられています。
・株式会社などの法人の事業所
・従業員が常時５人以上いる個人の事業所（飲食店などのサービス業は対象外）

健康保険に加入している事業所で雇用されている人のうち、以下の条件にあてはまる人については加入義務が発生します。

①正社員、法人の代表者、役員
②以下の５つの要件を全て満たす人
・１週間の決まった労働時間が20時間以上
・勤務期間について、２か月を超えて使用が見込まれること
・毎月の賃金が88,000円以上
・学生以外
・従業員101人以上の会社に勤務
③１週間の所定労働時間および１月の所定労働日数の所定労働日数が、同じ事業所で同じ業務を行っている正社員など一般社員の４分の３以上の場合

（2）給付内容

①療養の給付

健康保険に加入する会社員やその家族が業務外の事由により病気やケガをしたときは、病院や診療所に保険証を提出し、一部負担金を支払うことで、診察・処置・投薬などの治療を受けることができます。また、医師の処方せんを受けた場合は、保険薬局で薬剤の調剤をしてもらうことができます。

年齢	自己負担割合
６歳未満	２割
６歳～69歳	３割
70歳以上	１～３割

【療養の種類】

種類	内容
診察・検査	身体に異常があれば、いつでも健康保険で医師の診察や治療に必要な検査が受けられます。
薬・治療材料	治療に必要な薬は、医療保険の対象となる医薬品の基準価格に掲載されているものに限り支給されます。
処置・手術	注射や処置・手術はもちろん、放射線療法、療養指導なども受けられます。
入院・看護	入院中の食事・生活療養については１食・１日につき、決められた額を負担します。特別室（個室など）を希望するときは差額室料の負担が必要です。
在宅療養・訪問看護	医師が認めた人が安心して在宅で療養できるように、医師による訪問診療が受けられます。また、訪問看護ステーションから派遣された看護師による訪問看護なども受けられます。

②主な給付内容

こんなとき	給付の種類	内容
病気やケガをしたとき	療養の給付	医療費の７割～９割（自己負担割合以外）の給付
	保険外併用療養費	差額負担の医療を受けたとき、健康保険の給付の通常の治療と共通する部分については一部負担金を支払うこととなり、残りの額は「保険外併用療養費」として健康保険から給付
	療養費	保険医療機関で保険診療を受けることができず、自費で受診したときなど特別な場合に給付
	高額療養費、合算高額療養費	高額療養費は、自己負担限度額を超えた額を支給
	訪問看護療養費	訪問看護師から療養上の世話や必要な診療の補助を受けた場合に定められた全費用の７割を給付
	入院時食事療養費	厚生労働大臣が定める食事療養に係る基準額から、１食につき490円（住民税非課税者は110円～230円）を控除した額
病気やケガをしたとき	入院時生活療養費	療養病床に65歳以上の者が入院した場合、厚生労働大臣が定める生活療養に係る基準額から、１日につき370円と１食につき450円または490円との合計額（住民税非課税者は１食につき140円～230円）を控除した額
	移送費	病気やけがで移動が困難な患者が、医師の指示で一時的・緊急的必要があり、移送された場合は、基準内であればかかった費用の10割を給付

こんなとき	給付の種類	内容
病気やケガで働けないとき	傷病手当金	休業1日につき支給開始日の属する月以前の直近の継続した12ヶ月間の各月の標準報酬月額の平均額の30分の1に相当する額の3分の2を1年6か月間
出産したとき	出産手当金	休業1日につき支給開始日の属する月以前の直近の継続した12ヶ月間の各月の標準報酬月額の平均額の30分の1に相当する額の3分の2を分娩の日以前42日（多胎98日。分娩予定日が遅れた期間も支給）、分娩日後56日間
	出産育児一時金	1児につき500,000円給付
		ただし、産科医療補償制度に加入していない医療機関及び海外で出産した場合は488,000円給付
死亡したとき	埋葬料（費）	埋葬を行う人に埋葬料または埋葬費が50,000円給付

③健康保険の適用範囲

健康保険の「療養の給付」は、病気やケガをしたときの治療を対象として行われます。このため、日常生活に支障がないのに受ける診療（美容整形など）に健康保険は使えません。妊娠も病気とはみなされないため、正常な状態での妊娠・出産は健康保険の適用から除外されています。

【健康保険が使えない例】

・美容を目的とする整形手術
・近視の手術など
・研究中の先進医療
・予防注射
・健康診断、人間ドック
・正常な妊娠・出産

・経済的理由による人工妊娠中絶

（3）任意継続制度

会社を辞めた人が、２年間を限度として、そのまま健康保険組合に加入し続けることのできる制度です。健康保険には、扶養制度など、国民健康保険にはないメリットがあるため、国民健康保険に加入するよりも、そのまま継続したほうが健康保険料を抑えられるケースがあります。継続したい場合は、事前に申し出ることによって、退職後も２年間は健康保険に加入し続けることができます。ただし、任意継続の場合は、企業負担分も合わせて本人が払わなければなりません。

6 国民健康保険

住民登録を行っている人で、職場の健康保険の対象でない75歳未満の人は、国民健康保険に加入することになります。国民健康保険には、理由を問わず、すべての病気やケガの治療に利用することができるという特徴があります。

（1）加入対象者

外国人については、市区町村で住民登録を行い在留資格がある外国人で、１年以上の日本滞在が認められて、職場の健康保険の対象ではない75歳未満の人は、国民健康保険に加入することになります。

また、社会保障協定を結んでいる国の保険に加入している外国人は、一定の証明手続き（「適用証明書」の交付）を得た上で日本の国民健康保険に加入する必要がない場合もあります。

（2）加入手続き

国民健康保険への加入は自動では行われません。国民健康保険に加入するときは、入国日、転入日または今まで加入していた健康保険の資格喪失日（退職日の翌日）から14日以内に住まいの市区町村で手続きをしましょう。

（3）保険料

国民健康保険は「扶養」という考え方がないという点が大きな特徴として挙げられます。子供や無職の妻であっても、国民健康保険の場合は一定の健康保険料が発生します。国民健康保険の保険料の金額は、国民健康保険料の計算方法や保険料率は、市区町村や国民健康保険組合によって異なりますが、居住地の市区町村が前年の所得と家族の人数に応じて保険料額を計算します。

保険料の支払いは、市区町村より６月頃に送られる納付書で行ないます。６月から翌年３月まで、10回に分けて国民健康保険料を全額自分で支払います。

（4）給付内容

国民健康保険の給付内容については、基本的には健康保険と同一であり、療養費の自己負担額についても３割（６歳未満２割、70歳以上は１割〜３割）と変わりませんが、国民健康保険では、出産手当金や傷病手当金が支給されないということが大きな違いとして挙げられます。

（5）保険料の滞納

保険料を滞納した場合は、市区町村役場から督促状（定められた期日まで支払うよう督促する内容の文書）が自宅に送られてきます。続けて滞納していると、通常の保険証に代わって、有効期間の短い「短期被保険者証（短期証）」が交付されます。１年滞納すると、保険証を返還し、代わりに「被保険者資格証明書」が交付されます。被保険者資格証明書は、被保険者であることを証明するだけのもので、医療費の支払いは全額（10割）自己負担となります。後日、保険診療の給付の申請ができますが、滞納が続いている場合は、滞納保険料に充当されます。なお、被保険者資格証明書が交付された場合であっても保険料の支払い義務は継続します。１年６か月滞納すると国民健康保険の給付の全部または一部が停止します。それでも納めないでいると、法律により財産（給料、預貯金、不動産など）の差し押さえなどの処分が行われる場合があります。また、滞納後に支払う際、期間に応じた延滞金の支払いが生じます。３か月経過するまでは年2.4％、それ以降は年8.7％の延滞金が発生します。

【保険料滞納時の流れ】

①被保険者証の有効期限が短縮される
有効期限が６か月の被保険者証（短期被保険者証）を交付

②被保険者証の返還と資格証明書の交付
医療機関窓口での支払いが全額負担となり、後日申請により保険者負担分が払い戻し

③国民健康保険給付の差し止め
国民健康保険の給付の全部または一部が差し止め

④滞納した世帯に対して財産の差押
不動産、銀行預金、生命保険などの差押

（6）帰国時・就職時の手続き

帰国する場合や企業に就職して健康保険に切り替える場合は、居住する市区町村役場で国民健康保険の脱退手続きを行い、保険証を返却します。また、保険料の過不足を清算する必要があります。

7 健康保険・国民健康保険のその他の制度

（1）海外療養費制度

健康保険や国民健康保険に加入している人が、海外旅行中や海外赴任中に急な病気やけがなどによりやむを得ず現地の医療機関で診療などを受けた場合、申請により一部医療費の払い戻しを受けられる制度です。海外療養費の支給対象となるのは、日本国内で保険診療として認められている医療行為に限られます。また、治療目的で海外へ渡航し診療を受けた場合は、支給対象となりません。

①支給金額

日本国内の医療機関などで同じ傷病を治療した場合にかかる治療費を基準に計算した額から、自己負担相当額を差し引いた額を支給します。ただし、日本と海外での医療体制や治療方法などが異なるため、支給金額が大幅に少なくなることがあります。

②注意事項

・海外で治療費の支払いをした翌日から２年を経過すると、申請できなくなります。
・海外療養費の審査には、通常数か月かかります。

（2）高額医療費

健康保険や国民健康保険に加入している人は、健康保険証を提示すれば自己負担額は原則３割（６～69歳）です。しかし、もしもケガや病気で大きく医療費がかかり、支払いが数十万円や数百万円の高額な医療費がかかったときでも上限を設けて負担を抑えてくれる制度が高額療養費制度です。

①自己負担の限度額

自己負担限度額は、年齢や収入に応じて定められており、人によって異なります。例えば、69歳以下で年収約370万円～約770万円の人は80,100円＋(医療費－267,000円）×１％となります。

例えば年収500万円の人が１カ月の医療費として100万円かかった場合

まず医療費100万円のうち、すべてが自己負担になるわけではありません。公的医療保険制度では医療費の自己負担割合は、69歳以下の人は収入に関係なく一律３割負担となるので以下のようになります。

自己負担額＝100万円×0.3=30万円

自己負担の限度額＝80,100円＋（1,000,000円－267,000円）×1％＝87,430円

高額医療費支給額＝300,000円－87,430円＝212,570円

▼69歳以下の人の限度額

区分	ひと月の限度額（世帯ごと）
①年収約1,160万円～	252,600円＋（医療費－842,000円）×１％
②年収約770万円～約1,160万円	167,400円＋（医療費－558,000円）×１％
③年収約370万円～約770万円	80,100円＋（医療費－267,000円）×１％
④～年収約370万円	57,600円
⑤住民税非課税者	35,400円

②手続き方法

高額療養費の申請方法は、「事後に手続きをする方法」、「事前に手続きをする方法」の２つの方法があります。まずは加入している公的医療保険に確認を取るようにしましょう。申請に際しては、その内容や保険者によっても異なりますが、基本的に領収書、保険証、印鑑、振込先の口座が分かるカードや通帳は必要になります。

3 結婚と出産

1 婚姻届

日本では、結婚の法的な手続きとして「婚姻届」の提出が義務づけられています。婚姻届は、市区町村役場もしくはインターネットでダウンロードして入手し、必要事項を記入の上、市区町村役場に提出します。

また、婚姻届には、18歳以上の証人2名の署名と捺印が必要となります。親・仲人・友人・兄弟など、18歳以上の人なら誰でも問題ありません。

(1) 必要な書類

婚姻届を提出する際に必要となる書類は、日本人と外国人で提出書類が変わります。

日本人と外国人の結婚の場合は、①、②、③、外国人同士の結婚の場合は、①、③の書類が必要となります。

①日本人・外国人共通の書類
・婚姻届（2人で1通）
・パスポート、在留カード、運転免許書など

②日本人に必要な書類
・戸籍謄本

③外国人に必要な書類
・結婚要件具備証明書とその日本語訳
・出生証明書とその日本語訳

【結婚要件具備証明書】

独身を証明する書類で、結婚できる条件を備えていることを証明する公的文書です。国際結婚する場合に必ず必要となり、戸籍制度のない国では、これに代わる書類（国によって異なります）が必要となります。現在では多くの国では同書類が発行されていますが、国によっては、発行していないところもあります。その場合

は、婚姻要件具備証明書に代わる書類を提出することになります。

（2）結婚の要件

日本国内で結婚の手続きを行う場合は、以下の２つのケースとなります。それぞれのケースで要件が変わります。また、一部の国では日本国内の要件では結婚が認められない場合があるので必ず確認するようにしましょう。

①外国人と日本人が結婚する場合

外国人と日本人が結婚する場合は、まず日本人は、日本の法律で定められている要件（18歳以上。女性の再婚禁止期間（100日）。）をクリアすることが必要です。一方で外国人は、母国の法律で定められた条件をクリアすることが必要になります。その条件をクリアした証拠となるのが「婚姻要件具備証明書」となります。これら法律の条件を満たしたうえで、婚姻届を市区町村役場に提出して受理されることが要件となります。

また、日本人の結婚であれば夫婦は夫または妻の氏のどちらかを名乗りますが外国人と結婚した日本の配偶者の氏は変わりません。外国人配偶者の氏に変更したいときは、婚姻の日から６か月以内に市区町村の戸籍届出窓口に届け出ることで変更することができます。

なお、外国人が日本人と結婚しても国籍が日本国籍に変わるわけではありません。そのため日本に滞在するのであれば、引き続き在留資格が必要となりますが、現在の在留資格を「日本人の配偶者等」に変更することが可能となります。現在就労目的の在留資格であれば、変更することにより、業種や職種に関係なく就労することができます。さらに、「永住者」の在留資格を取得する場合は、婚姻生活が３年以上継続し、かつ引き続き１年以上滞在していることが要件となり、比較的「永住者」の変更が容易になります。

②外国人同士が結婚する場合

外国人同士の結婚の場合は、それぞれの母国の法律で定められた条件をクリアすることが必要になります。その要件をクリアした証拠となるのが「婚姻要件具備証明書」となります。これら法律の条件を満たしたうえで、婚姻届を市区町村役場に提出して受理されることが要件となります。

2 妊娠

妊娠初期症状がある場合は、まず婦人科のある病院で診察してもらいましょう。手軽な妊娠検査薬もありますが、妊娠確定診断は病院で行うようにしましょう。

（1）母子健康手帳

病院で診察をしてもらい、妊娠していることが分かったら「妊娠届出書」に必要事項を記入し、市区町村の役所、もしくは保健所に提出しましょう。妊娠届出書を提出すると「母子健康手帳」や妊婦健診に使える受診券や補助券がもらえます。

【母子健康手帳】

母子健康手帳には、妊婦健康診査や乳幼児健康診査など各種の健康診査や訪問指導、保健指導の母子保健サービスを受けた際の記録や、予防接種状況の記録が行われます。これらが一つの手帳に記載されるため、違う病院や医者が母子保健サービスを行う場合でも、これまでの記録を参照するなどして、継続性・一貫性のあるケアを提供できるメリットがあります。また、母子健康手帳には、妊娠期から乳幼児期までに必要な知識が記載されています。妊娠・出産や子育てについて信頼のできる情報を提供する媒体としても、母子健康手帳はメリットがあります。さらに、自治体によっては、多言語化された母子健康手帳もあります。

（2）出産する病院の予約

日本では、妊娠が確定したらすぐに出産する病院を決めます。妊娠初期から同じ先生に担当してもらえば、経過が分かり安心です。妊娠10週目を目途に出産する病院を決めましょう。分娩のできる医療機関が少ない地域では、予約が埋まってしまうこともありますので、妊娠が分かったら早めに予約する必要があります。

（3）妊婦健康診査

出産まで定期的に受ける検査や診察で、法律で義務づけられているわけではありませんが、厚生労働省では、母子の健康のために受診することを推奨しています。

妊婦健診は一般的に約14回行うため、14回分の費用の一部もしくは全額を、自治体が助成してくれる制度があります。自治体によって補助項目や補助額は異なります。

①妊婦健康診査の頻度

妊婦健康診査は、以下のような頻度で受診することが望ましいとされています。

妊娠初期～23週のあいだは4週間に1回

24週～35週のあいだは2週間に1回

36週～出産までのあいだは1週間に1回

②妊婦健康診査の内容

【毎回共通する項目】

健康状態の把握：妊娠周期に合わせた問診・診察などを行います。

検査計測：子宮底長、腹囲、血圧、浮腫、尿検査、体重

保健指導：妊娠期間を健やかに過ごすための食事や生活に関するアドバイスを行うとともに、妊婦の精神的な健康に留意し、妊娠・出産・育児に対する不安や悩みの相談に応じます。

【必要に応じて行う医学的検査】

・血液検査：血液型、血算、血糖、B型肝炎抗原、C型肝炎抗体、HIV抗体、梅毒血清反応、風疹ウイルス抗体、HTLV-1抗体

・子宮頸がん検診

・超音波検査

・B群溶血性レンサ球菌

・性器クラミジア

（4）その他支援

妊娠中や出産後の生活についての不安や疑問を解消するために、妊婦をサポートする制度があります。市区町村によってサポートの内容は少しずつ異なります。

■専門家によるアドバイス

市区町村から委託を受けた保健師、助産師が妊娠中の生活についてのアドバイスを行ったり、相談を受けたりします。

■母親学級・両親学級

市区町村が主催する母親のための教室です。妊娠、出産、育児についての

情報提供のほか、育児仲間を作る場としての役割もあります。地域によっては父親学級、両親学級などを開催している場合もあります。

3 出産後の手続き

（1）手続き

出産後に行う手続きは、外国人の両親の子の場合と日本人と外国人の子の場合で変わりますが、以下４つの手続きが必要となります。

①出生届の提出
②在留資格取得許可申請
③母国大使館（領事館）の手続き
④子どもの健康保険加入の手続き

（2）出生届

出生届は、出生日を含めて14日以内に市区町村の役所に提出します。両親の国籍にかかわらず、日本で出産した場合は届け出が必要です。出生地、住所地のいずれかの役所に提出する必要があります。

①必要書類

提出の際には医師が発行した出生証明書、母子健康手帳、届け出人の印鑑、届け出人の身分証明書が必要です。届け出をする人は、両親が結婚している場合は父親か母親、結婚していない場合は母親です。両親が届出できない場合は、同居者、出産立会人（医師、助産師またはその他の者）の順序に従い届出ができます。

②子どもの名前

出生届には子どもの名前を記入するため、この日までに子どもの名前を決める必要があります。名前に使える字は、ひらがな、カタカナのほか、法務省の定めた「子の名に使える漢字」にある漢字となります。

（3）在留資格取得許可申請

①外国人の両親の子の場合

外国人同士のカップル・夫婦から生まれた子どもには日本国籍は与えられません。両親のどちらか、もしくは両方の国籍を取得することになります。そのため、出生の日から30日以内に、在留資格の取得申請を行う必要があります。出生した子どもが取得することができる在留資格は、親の在留資格及び在留期間に応じて決定されることになります。例えば、父親または母親が「技術・人文知識・国際業務」などの就労ビザを取得していて、在留期間が３年の場合は、３年の「家族滞在」の在留資格が与えられることが一般的です。

※出生後60日以内に出国する場合は、在留資格取得許可申請は不要です。

【申請に必要な書類】

・在留資格取得許可申請書
・出生届受理証明書または出生届書記載事項証明書
・出生した子を含む世帯全員が記載された住民票
・質問書
・出生した子のパスポート原本（ある場合のみ）
・両親のパスポートのコピー
・両親の在留カードのコピー
・両親の在職証明書
・両親の住民税課税証明書、納税証明書
・身元保証書

その他（必要に応じて提出を求められる書類など）

②日本人と外国人の子の場合

父親または母親のいずれかが日本国籍を有する場合、生まれた子どもは日本国籍を取得しますので、在留資格取得許可申請は必要ありません。ただし、母国の国籍も取得する場合は、日本では二重国籍を認めていませんが、「国籍留保の届出」をすることで子どもが20歳になるまで国籍の選択を引き延ばすことができます。

（4）母国大使館（領事館）の手続き

両親の国籍が同じであれば、その国の大使館（領事館）で手続きを行う必要があります。両親の国籍が異なるのであれば、まず子どもの国籍をどちらにするか決めた上で子どもに与える国籍の大使館（領事館）に行き出生の手続きを行います。両親が外国籍の場合は、併せてパスポートの発行申請を行います。国によって必要書類や手続き方法が変わりますので、出産前に大使館（領事館）に確認するようにしましょう。

（5）健康保険の手続き

出生届を提出した後に、健康保険の手続きをする必要があります。両親のどちらかが会社の健康保険に入っている場合には健康保険組合、国民健康保険の場合は住民票のある市区町村の役所に申請をします。手続きは、原則１ヶ月健診まで（国民健康保険の場合は14日以内）に申請をする必要があります。

4 出産費用と手当

（1）出産費用の相場

妊娠してから出産するまでにかかる費用は、東京は高くて地方は安いというような大都市と地方の地域差や、普通分娩や帝王切開など、無痛分娩など分娩方法による価格差、病院・診療所（クリニック）・助産所など施設による価格差があります。

①地域差

正常分娩で出産した場合の出産費用は、令和４年度の都道府県ごとの平均値では、東京都が最も高く、熊本県が最も安く、24万円程度の地域差がみられます。

■出産費用が高い都道府県

東京都	605,261円
神奈川県	550,864円
宮城県	513,681円

■出産費用が安い都道府県

熊本県	361,184円
沖縄県	374,001円
鳥取県	382,584円

厚生労働省「出産費用の見える化等について」（令和４年度）より

②分娩方法

基本的には出産（分娩）については健康保険が適用されませんが、帝王切開については、医療行為が伴うため、健康保険が適用されます。しかし、普通分娩と比べて、帝王切開、無痛分娩共に費用負担が大きくなります。

普通分娩	自然分娩ともいわれ、医療行為を行わないため保険適用外となり実費の自己負担が必要です。
帝王切開	妊娠や出産時になんらかの問題で経腟分娩が難しいと医師が判断した場合に選択される分娩方法です。メスを入れる医療行為が伴うため保険が適用となり自己負担額は３割で済みます。しかし処置の内容が増えるため最終的な金額は普通分娩より10万円程度高くなります。
無痛分娩	無痛分娩は麻酔を使用することで痛みを軽減する分娩方法です。普通分娩と同じく保険適用外です。麻酔の処置費用が加わるため、普通分娩より10万円～20万円高くなります。

（2）出産育児一時金

出産育児一時金は、国民健康保険や健康保険に加入している方もしくは加入者の扶養家族であれば誰もが受け取ることのできる補助金です。金額は子ども１人につき50万円の補助が受けられます。なお妊娠85日以上であれば、死産や流産の場合でも受け取れます。

受け取り方法は「直接支払制度」、「受取代理制度」、「産後申請方式」の３つがあり、どの方法を選択するかで、手続きの手間や退院時の自己負担額などが異なります。

①直接支払制度

出産する医療機関が直接健康保険などに対して一時金の支給申請や手続きを行うため、退院時の自己負担額も、出産一時金を差し引いた額のみが請求されます。

②受取代理制度

「直接支払制度」と同じく、健康保険などから直接医療機関が出産一時金を受け取る制度です。こちらは、出産予定日の１～２か月前に健康保険などに事前申請を行う必要があります。

③産後申請方式

出産後に申請を行い、国民健康保険などから指定の口座に出産一時金を振り込んでもらう制度です。退院時には分娩費・入院費全額を自己負担しなくてはならないため、まとまったお金が必要です。

（3）出産手当金

健康保険の加入者本人が、出産のため産休を利用して会社を休み、その間に給与の支払いを受けなかった場合は、産休（産前42日・産後56日間）期間中に給料の代わりとして出産手当金が支給されます。

①支給の条件

・勤務先の健康保険に加入していること

勤務先の健康保険組合や協会けんぽ、共済組合などに加入している、会社員や団体職員などが対象となります。

・妊娠４か月以降の出産などであること

妊娠４か月（85日）以降の出産や、流産・死産・人工中絶が対象です。85日未満の流産などに対しては給付されません。

・出産のために休業していること

休業中に給与をもらっていない、もしくは給与額が出産手当金よりも少ない人が対象となります。

※すでに会社を退職している人や、出産を機に退職予定の人でも、以下の条件を満たせば出産手当金の対象となります。

・退職日まで継続して１年以上健康保険に加入していること

・出産手当金の支給期間内に退職していること

②支給の条件

支給対象となるのは、出産日以前42日（双子以上の多胎であれば出産日以前98日）から出産の翌日以後56日までの範囲に会社を休んだ日数分が支給対象となります。

１日あたりの支給額は、「支給対象者の標準報酬日額の３分の２に相当する金額（１円未満四捨五入）」です。

4 子育てと支援システム

1 健康診断

（1）乳幼児健康診査

１歳６か月、３歳の時期に各1回の健診を各市区町村が主体となって実施することになっています。自治体によって時期と回数が変わります。この健診では、子どもの成長・発達、栄養状態の確認、先天性疾患を含む病気の有無の確認、また予防接種の時期やワクチンの種類の確認などを行います。費用はすべて無償です。

【主な健診内容】

・全身の診察
・身長・体重・頭囲・胸囲の測定による発育のチェック
・月齢、年齢に相当する発達のチェック
・栄養・生活指導、事故防止の指導
・予防接種の進め方の相談
・その他の相談

（2）予防接種

細菌やウイルスによって引き起こされるさまざまな感染症があります。こうした感染症の原因となるウイルスや細菌または菌がつくり出す毒素の力を弱めてワクチンをつくり、これを体に接種して、その感染症に対する抵抗力（免疫）をつけることを「予防接種」といいます。

①主な予防接種の種類

種類	ワクチン名	予防できる感染症
定期接種	Hib（ヒブ）ワクチン	Hib（ヒブ）感染症 (細菌性髄膜炎、喉頭蓋炎など)
	小児用肺炎球菌ワクチン	小児の肺炎球菌感染症 (細菌性髄膜炎、敗血症、肺炎など)
	B型肝炎ワクチン	B型肝炎
	4種混合ワクチン	ジフテリア、百日せき、破傷風、ポリオ
	BCG	結核
	MR(麻しん風しん混合)ワクチン	麻しん、風しん
	水痘（みずぼうそう）ワクチン	水痘（みずぼうそう）
	日本脳炎ワクチン	日本脳炎
	HPV（ヒトパピローマウイルス）ワクチン	HPV感染症（子宮頸がん）
	ロタウイルスワクチン	感染性胃腸炎（ロタウイルス）
	インフルエンザワクチン（※）	インフルエンザ
	新型コロナワクチン（※）	新型コロナウイルス
任意接種	おたくふかぜワクチン	おたふくかぜ（流行性耳下腺炎）
	A型肝炎ワクチン	A型肝炎
	髄膜炎菌ワクチン	髄膜炎菌感染症

※高齢者以外は任意接種。

②費用

予防接種には、法律に基づいて市区町村が主体となって実施する「定期接種」と、希望者が各自で受ける「任意接種」があります。接種費用は、定期接種は無償ですが（一部で自己負担あり）、任意接種は自己負担となります。市区町村が実施する予防接種の種類や補助内容の詳細については、市区町村などに確認しましょう。

2 子どもの医療費

（1）医療費の負担

健康保険に加入している場合、6歳以下の小学校就学前の子どもについては、自己負担の割合が2割となっています。子どもの医療費については、家計負担が重くならないように、全国すべての都道府県と市区町村で、独自に制度を設けて、さらに自己負担分を助成しています。

3 保育所と幼稚園

学校に行く前の年齢の子どもたちのための施設として、保育所と幼稚園があります。幼稚園と保育所の両方の機能をあわせ持つ「認定こども園」という施設もできました。対象となる子どもの年齢や保育時間などが施設によって異なります。

（1）保育所

保育所は、両親がどちらも働いている、病気であるなどの理由で、日中子どもの世話ができない家庭の子どもを預かる施設です。対象となるのは、0歳から小学校就学前までの乳幼児です。原則として1日8時間（7時から18時まで）の保育をします。「延長保育」といって、20時頃まで預かってくれるところもあります。保育所の目的は、仕事で忙しい、病気などにより保育にあてる時間が少ない保護者に代わって、乳幼児を保育することです。そのため、保育所では例えば計算練習や読み書き指導はあまりなく、乳幼児の身の回りの生活の指導を行うことが多いです。

①保育所の種類

保育所は児童福祉法によって作られた福祉施設で厚生労働省の管轄です。市区町村の認可を受けた認可保育所と、認定を受けていない認可外保育所があります。

各地域が抱える保育の問題を解決するために、地域型保育事業が開始され小規模保育事業や家庭的保育事業、事業所内保育事業、居宅訪問型保育事業など、さまざまな事業所や形態の保育施設が新たな基準のもとに認可を受けられるようになりました。

認可保育所	認可保育園とは国が定めた基準（施設の広さ・保育士などの職員数・給食設備・防炎管理・衛生管理など）を満たし各都道府県知事に認可された保育所のことをいいます。各市区町村が運営する公営のものと、社会福祉法人、NPO法人、企業が運営する私営のものがあります。
認可外保育施設	無認可保育所では、保護者が働いているかどうか、病気を抱えているかなどの条件に関わらず、子どもを預けることができるのが大きな特徴です。
小規模保育事業	定員6～19人の比較的小さな施設であり、小規模の特性を生かしたきめ細やかな保育を実施しています。対象年齢は、0～2歳児です。
家庭的保育事業	家庭的保育者（家庭保育福祉員）が家庭的雰囲気の中で保育します。定員3～5人、対象年齢は、0～2歳児です。
事業所内保育事業	企業内または事業所の近辺に用意された、会社や事業所が運営する保育施設などで、従業員のお子さんと地域のお子さんを一緒に保育します。対象年齢は、0～2歳児です。
居宅訪問型保育事業	いわゆるベビーシッターです。自宅に保育者を招き安心できる環境で子どもを預かってもらえます。

②費用（0歳から2歳まで）

0歳から2歳までの保育所の利用料は、各自治体で独自に定めているため、居住地や世帯所得などによって、大きく差が出てくるようです。

認可保育所については、住んでいる自治体、世帯の所得、子供の年齢、子供の人数、保育時間などにより変動します。無認可保育所については、認可保育所に比べ費用が高いケースがほとんどです。自治体によっては、認証保育所と認可保育園の差額をある程度補助する制度が用意されている場合もあります。

3歳から5歳までの利用料については、188ページの「3歳～5歳児の保育料無償化」を参照のこと。

（2）幼稚園

幼稚園は、学校教育法によってつくられた教育施設で、学校に行く前の子どもたちが学ぶための施設です。対象となるのは、満3歳から小学校就学前までの幼児です。幼稚園では遊びを通して、小学校以降の生活や学習の基盤を育成します。一般的には4時間程度の保育が行われますが、保育所と変わらない長時間保育を実施している幼稚園もあります。

①幼稚園の種類

幼稚園は私立と公立の2種類があります。私立幼稚園を運営するのは、学校法人や宗教法人などです。公立は自治体が運営しています。

②費用

文部科学省が調査した令和3年度子供の学習費調査の結果によると、1年間（子供1人あたり）の学習費総額の平均は、公立幼稚園165,126円、私立幼稚園308,909円となっています。公立幼稚園は私立幼稚園の1/2近くとなっています。

4 国と自治体の子育て支援制度

（1）児童手当

日本国内に住んでいる子どもを育てる保護者に対して支給される手当で、中学校卒業まで（15歳の誕生日後の最初の3月31日まで）の子どもを養育している人に支給されます。

①支給額

子どもの年齢により支給額が変わります。原則として、毎年６月、10月、２月に、それぞれの前月分までの４か月分をまとめて受給します。支給額は下の表の通りです。2024年10月から は支給額が拡充され、所得制限がなくなります。

<table>
<tr><th rowspan="2">児童の年齢</th><th colspan="2">児童手当の額（一人あたり月額）</th></tr>
<tr><th>2024年９月まで</th><th>2024年10月から</th></tr>
<tr><td>３歳未満</td><td>一律15,000円</td><td>15,000円
（第３子以降は30,000円）</td></tr>
<tr><td>３歳以上
小学校終了前</td><td>10,000円
（第３子以降は15,000円）</td><td rowspan="3">10,000円
（第３子以降は30,000円）</td></tr>
<tr><td>中学生</td><td>一律10,000円</td></tr>
<tr><td>高校生</td><td>－</td></tr>
<tr><td>所得制限</td><td>あり
特例給付5,000円</td><td>なし</td></tr>
</table>

※子どもを養育している人の所得が一定以上の場合は、月額一律5,000円となります。

※「第３子以降」とは、18歳の誕生日後の最初の３月31日までの養育している子どものうち、３番目以降の子どものことをいいます。

②申請方法

申請者は、現住所の市区町村で手続きを行わなければいけません。

【申請に必要な書類】

・児童手当認定請求書
・印鑑
・請求者名義の銀行口座の通帳もしくはキャッシュカードのコピー
・請求者の健康保険被保険者証のコピー
・請求者の個人番号（マイナンバー）

※その他、所得証明書や住民票などの提出が必要になる場合があります。

（２）3歳～5歳児の保育料無償化

2019年10月から、日本政府は、幼児教育・保育の無償化の実施をしています。

①３歳～５歳（幼稚園、保育所、認定こども園、事業所内保育施設）

対象者：すべての子どもたちの利用料が無料

※こども・子育て支援制度の対象とならない幼稚園は月額2.57万円まで

対象期間：原則、満３歳になった後の４月１日から小学校入学前までの３年間

【補足】

通園送迎費、食材料費、行事費などは保護者負担。

ただし、食材料費については、

・年収360万円未満相当世帯は副食（おかず・おやつなど）の費用が免除。

・全世帯の第３子以降は、副食（おかず・おやつなど）の費用が免除。

②０歳～２歳（幼稚園、保育所、認定こども園、事業所内保育施設）

対象者：住民税非課税世帯は無料

※保育所などを利用する最年長の子どもを第１子とカウントし、第２子は半額、第３子以降は無料。ただし、年収360万円未満相当世帯は、第１子の年齢は不問。

③認可外保育施設

対象者：３歳～５歳児クラス　月額3.7万円まで無償

０歳～２歳児クラス　住民税非課税世帯が対象。月額4.2万円まで無償。

※無償化の対象となるためには、住んでいる市区町村へ申請し「保育の必要性の認定」を受ける必要があります。その際、就労などの要件を満たす必要があります。

※保育所、認定こども園などを利用できていない人が対象となります。

Chapter 4

刑罰（けいばつ）と防犯（ぼうはん）・防災（ぼうさい）

1 警察署・犯罪と刑罰

1 警察

日本には、全国で警察署1,149か所あり、259,171人（2023年４月１日現在）※の警察官が地域の安全を守るために勤務しています。

※警察庁「令和５年版 警察白書 資料編」より

（１）警察の組織

①国の警察組織

国の機関である警察庁は、警察制度の企画立案のほか、国の公安にかかわる事案についての警察運営、警察活動の基盤である教育訓練、通信、鑑識などに関する事務、警察行政に関する調整と広域組織犯罪に対処するための警察の態勢、犯罪鑑識、犯罪統計などについて都道府県警察を指揮監督しています。

②都道府県の警察組織

47の都道府県には、警察本部（東京都は警視庁）のほか、警察署が設置され、執行事務を一元的に担っています。また、警察署の下部機構として、交番や駐在所があります。

（２）警察の役割

警察の役割は、地域警察、交通警察、刑事警察、警備警察、生活安全警察の５つに分けられます。

①地域警察

交番勤務やパトカー勤務を通じて、地域住民に最も身近な存在として活動しています。パトロールや防犯活動、職務質問による犯罪検挙、事件・事故発生時の初動警察活動のほか、地理案内や遺失届・拾得物の受理、相談対応など、地域の安全・安心に大きな役割を果たしています。

②交通警察

交通事故を防止し、安全で快適な交通社会の実現を目指します。スピード違反や飲酒運転といった交通違反の指導取締りや暴走族対策、交通事故・事件の捜査、交通安全教育による交通安全意識の浸透、交通信号制御や交通情報の提供による交通管制など幅広く活動しています。

③刑事警察

犯罪を捜査し、犯人を検挙して事件を解決することが使命です。殺人や強盗、誘拐などの強行犯捜査をはじめ、振り込め詐欺、横領などの知能犯捜査、空き巣やひったくり、すりなどの盗犯捜査、暴力団や犯罪組織、銃器・薬物の密輸・密売グループなど治安水準に大きな影響を及ぼす犯罪組織を壊滅させる組織対策捜査、事件解決に必要不可欠な証拠資料を収集する鑑識があります。その他、証拠資料の分析・解析や科学捜査による鑑定などを行っています。

④警備警察

国内外の要人の警衛警護をはじめ、デモの整理などの治安警備、国際テロ組織、過激派などによるテロ、ゲリラの未然防止に向けた対策、サイバー攻撃にかかわる捜査・対策、花火大会など大きなイベントでの混雑による事故を防ぐ雑踏警備、災害時における被災者の避難誘導や救助活動などを行います。

⑤生活安全警察

住民の身近で発生する犯罪の検挙・未然防止により、犯罪の起きにくい街づくりを推進することが責務です。振り込め詐欺やひったくり、痴漢などの犯罪に対する防犯対策、困りごとなどの生活安全相談、ヤミ金融などの経済事犯や違法薬物などの生活環境事犯、少年の非行防止や健全育成など、その活動は多岐にわたります。

2 裁判所

日本の裁判所は、最高裁判所をはじめとして、高等裁判所、地方裁判所、家庭裁判所、簡易裁判所の４種類の裁判所が設けられています。

裁判所の組織は、裁判部門と司法行政部門に大別されます。

(1) 裁判所の種類

①最高裁判所

最高裁判所は、日本全国で一つだけ東京に置かれていています。文字通り、日本国憲法下における司法権の最高機関で、民事・刑事・行政すべての司法事件を扱います。

終審裁判所として上告、特別上告、特別抗告について裁判権をもち、一切の法律、命令、規則、処分が憲法に適合するかしないかを最終的に決定する権限をもちます。

②高等裁判所

高等裁判所は、札幌市、仙台市、東京都、名古屋市、大阪市、広島市、高松市、福岡市の全国8か所に設置されています。

高等裁判所では、主に地方裁判所で下された第一審判決に対する控訴審が行われます。また、知的財産に関する事件を専門的に取り扱う、知的財産高等裁判所が設けられています。

③地方裁判所

地方裁判所は、各都道府県の県庁所在地に函館市・旭川市・釧路市を加えた合計50か所に設置されています。

地方裁判所では、原則的として、特別なものを除くすべての第一審の裁判をすることができるとされています(簡易裁判所や家庭裁判所の管轄以外)。簡易裁判所の民事の判決に対する控訴事件についても裁判権を持っています。

④家庭裁判所

家庭裁判所は、地方裁判所と同様に設置されています。

家庭裁判所では、主に、家庭内の紛争に関する事件の審判および調停、少年の保護事件の審判、児童を里親に委託することの承認、生活保護者を養護施設へ収容するにあたっての許可などを行っています。

⑤簡易裁判所

簡易裁判所は、全国438か所に設置されています。

簡易裁判所では、主に、民事事件については、訴訟の目的となる物の価額が140万円を超えない請求事件について、また刑事事件については、罰金以下の刑に当たる罪及び窃盗、横領などの比較的軽い罪の訴訟事件などについて、第一審の裁判を行っています。

（2）裁判の種類

①民事裁判

お金の貸し借りや相続のトラブル、損害賠償請求など、個人や企業間の争いに関して解決する裁判です。原告（訴えた側）、被告（訴えられた側）のどちらの言い分が正しいかの判決を出します。「民事裁判」では、法廷で、裁判官が双方の言い分を確かめ、証拠を調べた上で、法律に照らして、判決を言い渡すほか、双方が合意して和解することもあります。

②刑事裁判

窃盗や詐欺、殺人、傷害など犯罪行為に関する裁判です。有罪か無罪か、有罪であればどのような刑罰を科すかを決めます。刑事裁判では、起訴する（訴える）側の検察官と、起訴された（訴えられた）人（被告人）や、その弁護人の言い分をよく確かめ、それぞれの側から出された証拠を調べ、被告人が本当に犯人であるかどうかを判断し、無罪あるいは有罪の判決をし、有罪の場合は刑を言い渡します。

3 犯罪と刑罰

来日外国人の新規入国者数は、2013年以降増加していましたが、新型コロナウイルス感染症の感染拡大防止のため、2020年２月に、入管法に基づく水際対策が開始され、さらに、同年４月に水際対策が強化されたことなどにより、大幅な減少に転じました。それに伴い、来日外国人犯罪の検挙件数は減少していました。

しかし、2022年以降、新型コロナウイルス感染症流行の収束に伴い、来日外国人の新規入国者数も増加しているため、来日外国人犯罪の検挙件数も増加することが懸念されます。

来日外国人犯罪は、日本人によるものと比べて多人数で組織的に行われる傾向があり、出身の国・地域別に組織化されている場合が多くみられます。

新型コロナウイルス感染症の感染拡大までは、SNSで注文を受けつけ、海外から偽造在留カードを密輸入して販売する入管法違反事犯や短期滞在の在留資格により来日し、偽造クレジットカードを使用して高級ブランド品などをだまし取り、犯行後は本国に逃げ帰る犯罪がみられ、指示役の指示により、化粧品などを大量に万引きした実行犯グループが、指定された配送先に盗品を発送するといった組織窃盗事犯も多数みられました。

【刑罰の種類】

死刑	命を奪う刑罰で、絞首によって行われると定められています。
懲役刑	1か月以上刑務所に拘束され、刑務所にて刑務作業を行うことになる刑罰です。
禁固刑	懲役と同じように、1か月以上の間、身柄を刑務所で拘束される刑罰です。懲役との違いとしては、刑務作業を行う義務がないことです。
罰金刑	罰金とは、1万円以上の金銭を納付する刑罰です。もしも罰金をすべて支払うことができない場合には、労役留置所に留置されることになり、そこで働いて支払うことになります。
拘留	1日以上30日未満、刑務所で拘束される刑罰です。懲役との違いは、刑務作業の義務がないこと、禁錮との違いは、期間が30日未満となっており短い期間であることです。
科料	千円以上1万円未満の金銭を納付する刑罰です。科料の場合も、罰金と同じように、支払いができない場合は労役留置所に留置されることになります。
没収	受刑者が持っている、犯罪に関連するものを剥奪する刑罰です。没収は付加刑ですので、上記の6つの主刑とあわせて言い渡されることになります。

(1) 詐欺罪

詐欺罪とは、簡単にいうと人の財産をだまし取る行為によって成立する犯罪をいいます。詐欺の刑罰は10年以下の懲役と定められています。

①主な詐欺の手口

・無銭飲食

最初から代金を支払うつもりがないのに飲食をし、そのまま逃走するもの。

・寸借詐欺

人の善意につけ込み、少額の金額を借りたまま返さずに騙し取るもの。

・結婚詐欺

結婚する意志がないのに、異性から金品を巻き上げたり借りたりして、そのまま騙し取るもの。

・取り込み詐欺

代金を支払うつもりがないのに商品の注文をし、商品を受け取ると代金を支払わずに行方をくらます、あるいは踏み倒すもの。

・オレオレ詐欺（振り込め詐欺）

子どもになりすまして高齢者などをターゲットに電話をかけ、お金が必要だと嘘をつき銀行などに現金を振り込ませる、あるいは持参させるもの。

・ワンクリック詐欺

契約の不成立を承知のうえで、インターネットのウェブサイトのURLなどをクリックさせることで一方的に契約したことにし、料金の支払いを求めるもの。

②学生が巻き込まれやすい詐欺

・銀行（郵貯含む）口座の売買

他人に口座を売ったり、使わせたりする目的があるのに、それを銀行に黙って口座を開設すると、詐欺罪となります。

・携帯電話契約の売買

実際に使用するつもりも、購入代金・利用料金を支払う意思もないのに、携帯電話などを契約し、販売店からだまし取った携帯電話などをアルバイト斡旋業者に渡してアルバイト料をもらうのは詐欺罪となります。

・オレオレ詐欺の受け子、出し子

電話で親族などになりすまして金銭をだまし取る手口の詐欺を「オレオレ詐欺」といいます。指示をする主犯格、被害者宅に電話をかける「かけ子」、金銭などを受け取る「受け子」、金銭を金融機関から引き出す「出し子」などの役割が存在します。

受け子や出し子も詐欺罪となります。

（2）薬物事犯

日本では、覚醒剤、麻薬を使用、所持するなどの行為は、法律により禁止されており、違反者には重い刑罰が科せられます。

【薬物の所持等の罰則一例】

覚醒剤の所持・ゆずり渡し・ゆずり受け　（覚せい剤取締法）	
単純所持	10年以下の懲役
営利目的	1年以上の有期懲役　情状により500万円以下の罰金を併科
大麻の所持　（大麻取締法）	
単純所持	5年以下の懲役
営利目的	7年以下の懲役　情状により200万円以上の罰金を併科
麻薬（コカイン、MDMAなど合成麻薬、LSDなど）の所持（麻薬及び向精神薬取締法）	
単純所持	7年以下の懲役
営利目的	1年以上10年以下の懲役　情状により300万円以上の罰金を併科

①薬物の種類

・覚醒剤

主に無色又は白色の結晶性粉末ですが、氷砂糖のような結晶体のものもあります。俗に「覚醒剤」、「クスリ」、「S（エス）」、「スピード」、「白」と呼ばれており、「ヤーバー」と呼ばれる錠剤型のものもあります。

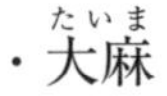

・大麻

乾燥大麻（「マリファナ」、茶色または草色）、大麻樹脂（「ハシッシュ」、「ガンジャ」、暗緑色の棒状又は板状）、液体大麻（「ハシッシュオイル」、暗緑色または黒色の油状）があります。

・コカイン

コカインは、南米産のコカの木の葉を原料とした薬物で、無色の結晶または白色の結晶性粉末で、麻薬として規制されています。

・MDMA

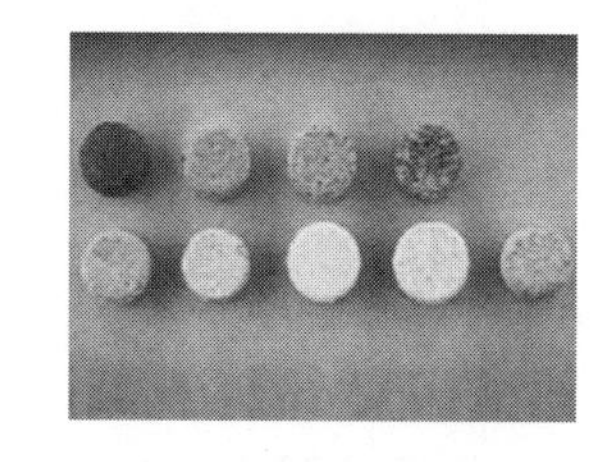

MDMAは、化学的に合成された麻薬であり、本来は白色結晶性の粉末ですが、さまざまな着色がされ、文字や絵柄の入った錠剤やカプセルの形で密売され、俗に「エクスタシー」、「X（バツ、エックス）」などと呼ばれることもあります。

・向精神薬

向精神薬は、中枢神経に作用して、精神機能に影響を及ぼす物質で、その作用によって鎮静剤系と興奮剤系の2つに大別されます。

②薬物乱用による身体的精神的影響

覚醒剤を始めとする薬物の使用により、一時的に頭がさえる、神経が興奮するというような感覚を得たように感じられることがありますが、精神や身体には次のようなさまざまな障害が生じ、精神と身体の両面が破壊されます。

◆身体への有害性

身体への有害性としては、血圧上昇や脳血管疾患、心疾患、肝機能障害などの発症のほか、注射器の使い回しによるエイズ、肝炎の発症や皮膚の損傷などが挙げられます。

◆精神への有害性

精神への有害性としては、意識障害のほか、薬物の効き目が切れると脱力感や疲労感に襲われ、幻覚、妄想といった症状が引き起こされたり、常軌を逸した行動や発作的に半狂乱の状態に陥ることなどがあり、覚醒剤精神病などの精神疾患に罹患することもあります。

◆依存症・耐性

規制される薬物は、脳などの中枢神経系に作用することから、薬物の効果が切れた時の苦痛から逃れるため、薬物による効果を強く求めるようになる「依存症」が形成されます。また、薬物を繰り返し使用しているうちに同じ量では効かなくなる「耐性」も生じます。「一度だけ」という好奇心や遊びのつもりでも、薬物の依存性と耐性によって、使用する量や回数はどんどん増える悪循環に陥り、自分の意思ではやめることができなくなります。

規制薬物などを使用すると、その薬理作用から幻覚、妄想などの精神障害に陥り、殺人、強盗、放火などの凶悪な犯罪や重大な交通事故などを引き起こすことがあります。

また、薬物の購入資金を得るための窃盗などの犯罪も発生しています。

(3) 窃盗罪

窃盗罪とは、誰かの物を自分の物にしてしまう（誰かの物を「盗む」）という犯罪です。窃盗罪は、10年以下の懲役または50万円以下の罰金が科される犯罪です。また、日本で生活する外国人が刑事事件を起こした場合、処分が決定し、その刑を終えた時点で日本から強制退去される可能性があります。入管法によると、有罪判決が強制退去に結びつくのは、１年を超える実刑判決とされていますが、薬物事件や、窃盗罪、詐欺罪などの財産犯事件を起こした外国人の場合、その人の在留資格によっては、執行猶予付の判決であっても判決の確定と共に強制退去になることがあります。

①窃盗罪の種類

・侵入窃盗

空き巣や事務所荒らしなどです。

・乗り物窃盗

自転車やバイク・自動車などを盗むことです。

・非侵入窃盗

万引き・ひったくり・置き引き・車上荒らしなどです。

②万引き

万引きは、軽い犯罪と思われがちですが、刑法に定められた窃盗罪にあたるものです。たとえ100円の商品を盗んだとしても、10年以下の懲役または50万円以下の罰金が科される犯罪です。

(4) 入管法違反

窃盗罪に次いで多いのが入管法違反です。オーバーステイが一番多いですが、資格外活動の違反も多いです。内容によっては、強制退去となることもあるので注意しましょう。

①資格外活動の罰則

資格外活動の許可を受けずに在留資格に該当する範囲外の就労活動を行った者は、1年以下の懲役若しくは禁錮若しくは200万円以下の罰金、又はこれらを併科されます。この罰則により禁錮以上の刑に処せられた場合は、退去強制事由に該当します。

②不法在留、不法残留などに対する刑罰

3年以下の懲役若しくは禁錮若しくは300万円以下の罰金、またはこれらを併科されます。またこの規定は、すべて退去強制事由となります。

・在留資格で決められた活動以外の活動を行い、報酬を得た者（資格外活動）
・在留期間の更新をせずに有効期間が過ぎた後も日本に滞在している者（オーバーステイ）

③在留カードの偽造・変造などに対する罰則

在留カードを偽造・変造、使用した者は、1年以上10年以下の懲役に処せられます。

なお、未遂についても罰せられます。

④偽造・変造在留カード所持に対する罰則

行使の目的で偽造・変造された在留カードを所持した者は、5年以下の懲役または50万円以下の罰金に処せられます。

⑤在留カード携帯義務違反に対する罰則

在留カードを常時携帯していなかった者は、20万円以下の罰金に処せられます。

2 防災

1 台風・集中豪雨

日本では、7月から10月にかけて、接近・上陸する台風が多くなり、大雨や洪水、暴風、高波などをもたらします。また、川の氾濫やがけ崩れ、地すべりなどが発生しやすく、生活や生命が脅かされるような自然災害が発生しています。

(1) 台風

①台風とは

熱帯の海上で発生する低気圧（周囲より気圧の低い状態のこと）のことを「熱帯低気圧」といいます。このうち北西太平洋または南シナ海に存在し、なおかつ低気圧域内の最大風速（10分間平均）がおよそ17m/s 以上のものを「台風」と呼びます。また、最大風速（1分間平均）が33m/s 以上のものをタイフーンと呼びます。ほかの地域では「サイクロン」や「ハリケーン」と呼びます。

②台風の構造

台風は回転する巨大な空気の渦巻きです。下層では反時計回りに中心に向かって空気が吹き込みながら上昇し、上層で時計回りに噴出しています。台風の高さは発達したもので約15km です。

台風の目	台風の目では下降気流がみられ、雲がなく風雨も弱くなります。台風の目の直径はおよそ20～200km に及びます。一般に台風の目が小さく明瞭になるほど台風の勢力は強くなります。

③台風の上陸数

日本では、台風が冬や春に上陸することはほぼありません。夏になると台風が接近しやすくなり、日本に上陸する台風が多くなります。

【過去5年間に日本に上陸した台風の数】

年	1月	2月	3月	4月	5月	6月	7月	8月	9月	10月	11月	12月	年間
2023								1					1
2022							1	1	1				3
2021							1	1	1				3
2020													0
2019							1	2	1	1			5

気象庁「台風の上陸数（2023年までの確定値）」より

（2）台風による災害

①洪水

台風による長時間の大雨で川が溢れる洪水となり、土地の標高が低いところでは、浸水による災害が大きくなる危険性があります。1時間の雨量が20～30㍉未満で道路の側溝が水で溢れ、30～50㍉で山崩れやがけ崩れが起きやすくなり、50～80㍉で都市部では地下室（街）に雨水が流れ込む場合があります。

②暴風

一般的に台風の進行方向の右側では強い風が吹きやすくなります。風速15m/sあたりから風に向かって歩けず、転倒する人も出てきます。風速20m/s以上になると、何かにつかまっていないと立っていられず、看板や屋根の素材がはがれて飛散することによる負傷の恐れも出てきます。また、台風が接近して強い風が海から陸に向かって吹き込む場合には、多くの塩の粒子が強風によって陸に運ばれ、停電事故を起こすことがあります。

③高潮

台風や発達した低気圧が通過する際に、水位が大きく上昇する現象です。台風などの中心に近い場所では、低い気圧が海水を吸い上げるように働き、海面を上昇させます。また、沖から岸に向けて吹く強風によって海水が吹き寄せられ、海岸近くの海面はさらに上昇し、防波堤を越え浸水被害を起こすことがあります。

④土砂災害

台風による長時間の雨や集中豪雨により、斜面の地表に近い部分が、雨水でゆるみ、崩れ落ちる「がけ崩れ」、斜面の一部あるいは全部が地下水の影響と重力によって斜面下方に移動する「地すべり」、山腹や川底の石、土砂（土や砂、石などのこと）一気に下流へと押し流される「土石流」などの被害を起こすことがあります。

（3）警戒レベル

日本では毎年のように、大雨や台風などによる洪水や土砂災害、高潮などが発生し、多くの被害がでています。住民が災害発生の危険度を直感的に理解し、的確に避難行動ができるようにするため、避難に関する情報や防災気象情報などの防災情報を5段階の「警戒レベル」を用いて伝えることになりました。

警戒レベルは、災害発生の危険度が高くなるほど数字が大きくなります。「警戒レベル3」が発令されたら、高齢の方や障がいのある方など避難に時間のかかる人やその支援者は避難し、それ以外の人は避難の準備をする必要があります。そして、「警戒レベル4」が発令されたら、対象となる地域住民は全員避難する必要があります。

【警戒レベル】

警戒レベル	住民がとるべき行動	避難情報	気象情報
警戒レベル5	すでに災害が発生している状況です。 命を守るための最善の行動を取りましょう。	緊急安全確保	大雨特別警報 氾濫発生情報
警戒レベル4 全員避難	速やかに避難先へ避難しましょう。 避難場所までの移動が危険と思われる場合は、近くの安全な場所や自宅の高い階などより安全な場所に避難しましょう。	避難勧告 避難指示（緊急）	土砂災害警戒情報 氾濫危険情報 高潮警報 高潮特別警報

警戒レベル	住民がとるべき行動	避難情報	気象情報
警戒レベル3 **高齢者等は避難**	高齢者などの避難に時間を要する人とその支援者は避難を開始する。 その他の人は、避難の準備をする。 土砂災害の危険性がある区域や急激な水位上昇のおそれがある河川沿いに住む人も、準備が整い次第避難する。	避難準備・ 高齢者等避難開始	大雨警報 洪水警報 氾濫警戒情報 高潮注意報
警戒レベル2	避難に備え、ハザードマップなどにより、自らの避難行動を確認する。 避難場所、避難経路、避難のタイミングの再確認など、避難に備え、自らの避難行動を確認する。		大雨注意報 洪水注意報 高潮注意報 氾濫注意情報
警戒レベル1	災害への心構えを高めましょう。 最新の防災気象情報などを確認する。		早期注意情報

(4) 避難場所

各市区町村では、あらかじめ災害時の避難場所を定めています。避難勧告や避難指示が出たときには、速やかに避難場所に移動できるよう、市区町村のホームページや、配布しているパンフレットなどで、あらかじめ位置などを確認しておきましょう。

①指定緊急避難場所

ひとまず危険を回避するための場所であり、災害に対して一定の安全性がある頑丈な建物や、危険が及ばないと考えられる開けた場所が指定されています。

火災・地震、津波、土砂災害・洪水など災害の種類ごとに適した場所が異なります。

・一時避難場所

災害時の危険を回避するために、一時的に避難する場所です。広場や公園、学校の校庭などが指定されています。

・広域避難場所

地震などが原因の火災が拡大して、地域全体が危険になったときに避難する場所です。大規模公園や団地・大学などが指定されています。一時避難場所が危険になった場合に避難します。

②収容避難所（指定避難所）

災害の危険性があり避難した住民などを災害の危険性がなくなるまでに必要な間滞在させ、または災害により家に戻れなくなった住民などを一時的に滞在させるための施設です。宿泊、食事などの仮の生活ができる避難所です。自治体によって小中学校や体育館、公民館などが指定されます。

③災害時帰宅支援ステーション

帰宅困難者への対策として、一時的に帰宅困難者を受け入れる施設が各自治体により指定されています。東京など首都圏では、徒歩で帰宅する者を支援するためにトイレや水の提供などに協力する施設（コンビニエンスストア、ファストフード・ファミリーレストラン、ガソリンスタンドなど）が道路状況の提供、水道水、トイレ、休憩場所の提供をします。

※避難所については、地域によって違う呼び方があるので事前に確認しておきましょう。

④避難所でのマナー

避難所はでは非常事態の中で、誰もが少しでも快適に生活できるように、生活ルールやマナーを守る必要があります。

・ゆずりあいの心をもって生活しましょう。
・共同生活の和を乱さないように、決められたルールを守りましょう。
・お互いのプライバシーを尊重し、むやみに他人の場所に立ち入らないようにしましょう。
・室内は原則として火気厳禁・禁煙です。
・トイレは最も密接な共有施設です。汚してしまったら自分できれいにしましょう。
・ゴミの分別収集を徹底し、ゴミ集積場は清潔に保ちましょう。

・お年寄りや身体の不自由な方、乳幼児を抱えた人など、避難行動要支援者への気配りを心がけましょう。
・救援物資の配給が始まったら、秩序ある配分を心がけ、また避難行動要支援者を優先して配給しましょう。
・避難所から別の場所へ移動するときには、必ず運営組織に届け出ましょう。

（5）避難方法

【洪水・内水の場合】

①集中豪雨などによる内水氾濫が発生した場合、浸水深が浅い時でも、水の流れによっては、歩行が困難になります。高齢者や子供には危険ですので、自宅または頑丈な建物などの高い場所へ移動しましょう。
②河川氾濫に比べると、内水氾濫は短時間の間に発生します。頑丈な建物にいるときは、急な豪雨が降ってきたら無理に外に避難せず２階以上の高い場所に移動して雨がおさまるのを待ちましょう。
③雨が降り続いて不安に思っても、川や用水路の様子を見に行かないでください。
④万が一、歩いて避難するときは、水位が上がっている用水路に流されないように用水路から離れた高い道路を通りましょう。

【土砂災害の場合】

①夜間の避難は危険ですので、明るいうちに避難を完了できるようにしましょう。
②屋外への避難が困難な状況下などやむを得ない場合には、建物の斜面とは反対側の２階以上の部屋へ移動しましょう。
③土石流が想定される箇所においては、危険な区域の外へ退避する、もしくは堅牢な建物の高層階に避難することが基本です。
④土石流については、土砂の流れる方向に対して直角にできるだけ高い所に避難しましょう。

【高潮の場合】

①高潮が発生するのが夜間になることもあります。救助の人たちに向けて自分の位置を知らせるためにも懐中電灯は必須です。
②外に避難するときには、車での避難はやめましょう。
③高潮に対して安全なのは、できるだけ高いところです。３階建ての家なら、１階

よりも２階、２階よりも３階に避難するようにしましょう。

【地震の場合】

①避難所周辺で火災が延焼しているときや避難所も被害で危ないときは、広域避難場所に避難します。最寄りの広域避難場所を事前に確認しておきましょう。

②道幅の狭い道や古い建物を避け、火災の延焼に巻き込まれないようにすることも重要です。

【津波の場合】

①津波で避難するときは、「遠く」より「高い」場所に避難することを意識しましょう。想定されている津波浸水の高さ以上に位置する「津波避難ビル」やできるだけ頑丈で高い建物に避難してください。

②自動車での避難は道路の渋滞に巻き込まれるおそれがあるため、原則、徒歩で避難しましょう。

③川から津波が襲ってくることもありますので、川から離れる方向に避難しましょう。

【噴火の場合】

①避難をするときには噴石などが当たらないようにヘルメットを着用しましょう。

②火山灰を吸い込まないことや目に入れないようにするためにもマスクやゴーグルの着用も忘れないようにしましょう。

③火山ガスにも注意する必要があります。火山ガスの臭いを感じたら、水で濡らしたタオルなどで口を覆い風上や高台などに移動しましょう。

【避難の際の注意点】

①ガスの元栓を閉め、電気のブレーカーを落とし、戸締まりを確認しましょう。

②車での避難が危険な場合があります。

③河川には近づかないようにしましょう。

④冠水しやすい道路は避けましょう。

⑤やむを得ず、浸水している道路を通る場合は、傘などの棒を使って安全を確かめましょう。

⑥ヘルメットなどで頭を保護する。

⑦動きやすい長袖と長ズボンを着用する。

⑧普段から履きなれた底が厚めの靴を履く（裸足や長靴は危険）。

⑨防災バックを背負って非難する。

（6）避難情報

市区町村から避難情報が発令された場合には、テレビやラジオ、インターネットなどのほか、防災行政無線や広報車などで伝達されます。警戒レベル3、4が発令された場合、その地域にいる人は、周囲に声を掛け合って、安全・確実に避難しましょう。

例えば、警戒レベル4が発令された場合、市区町村は、次のような内容で避難行動を呼びかけます。

・緊急放送、緊急放送、警戒レベル4、避難開始。緊急放送、緊急放送、警戒レベル4、避難開始。
・こちらは、○○市です。○○地区に洪水に関する警戒レベル4、避難勧告を発令しました。
・○○川が氾濫するおそれのある水位に到達しました。
・○○地区の方は、速やかに全員避難を開始してください。
・避難場所への避難が危険な場合は、近くの安全な場所か、屋内の高い所に避難してください。

2 地震

日本は、世界有数の地震大国です。世界で起こる地震の約2割が日本で発生しています。

（1）地震

①地震とは

地震は、地球の地下に存在する「プレート」と呼ばれる岩盤のずれによって発生します。海のプレートに引きずり込まれた陸のプレートの先端が跳ね返って起きる地震を「海溝型地震」、プレートが押し合ってプレート内の岩の層が崩れて起きる地震を「内陸型地震」といいます。大きな揺れの地震では、家屋などの倒壊や土砂崩れなどの土砂災害、また津波が発生する危険が高まります。

②地震の大きさ

地震の揺れの強さを表す指標として、それぞれの観測点における、地盤の揺れの強さを表す「震度」があります。震度の階級は０から７まであり大きくなればなるほど揺れが大きいということになります。５は５弱と５強、６は６弱と６強に分かれているため、震度は全部で10階級あります。測定場所（住所）と震源地の距離が近ければ震度は大きく、離れていれば離れているほど震度は小さくなります。

一方、地震そのもののエネルギーの大きさを数値で表した指標として「マグニチュード」があります。マグニチュードは1960年にチリで発生したM9.5が最大値です。

■震度と揺れの状況（出典：気象庁「その震度どんなゆれ？」）

【震度０】

・人は揺れを感じない。

【震度１】

・屋内で静かにしている人の中には、揺れをわずかに感じる人がいる。

【震度２】

・屋内で静かにしている人の大半が揺れを感じる。

【震度３】

・屋内にいる人のほとんどが揺れを感じる。

【震度４】

・ほとんどの人が驚く。
・電灯などのつり下げ物は大きく揺れる。
・座りの悪い置物が、倒れることがある。

【震度５弱】

・大半の人が、恐怖を覚え、物につかまりたいと感じる。
・棚にある食器類や本が落ちることがある。
・固定していない家具が移動することがあり、不安定なものは倒れることがある。

【震度５強】

・物につかまらないと歩くことが難しい。
・棚にある食器類や本で落ちるものが多くなる。
・固定していない家具が倒れることがある。
・補強されていないブロック塀が崩れることがある。

【震度６弱】

・立っていることが困難になる。
・固定していない家具の大半が移動し、倒れるものもある。ドアが開かなくなることがある。
・壁のタイルや窓ガラスが破損、落下することがある。
・耐震性の低い木造建物は、瓦が落下したり、建物が傾いたりすることがある。倒れるものもある。

【震度６強】

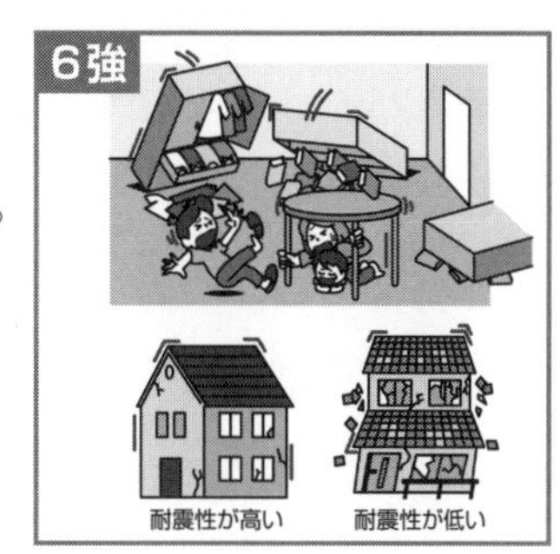

・はわないと動くことができない。飛ばされることもある。
・固定していない家具のほとんどが移動し、倒れるものが多くなる。
・耐震性の低い木造建物は、傾くものや、倒れるものが多くなる。
・大きな地割れが生じたり、大規模な地すべりや山体の崩壊が発生することがある。

【震度７】

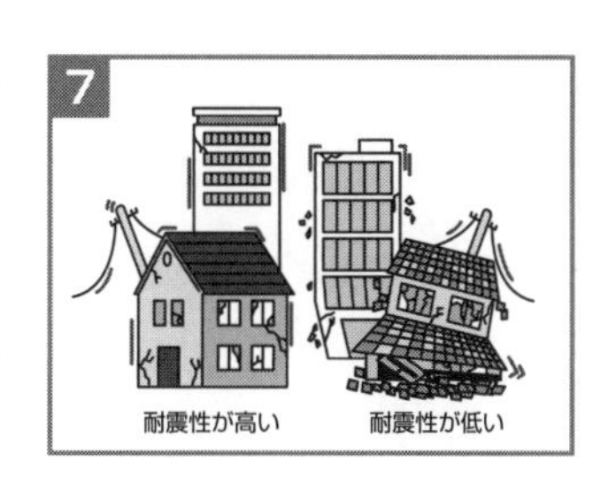

・耐震性の低い木造建物は、傾くものや、倒れるものがさらに多くなる。
・耐震性の高い木造建物でも、まれに傾くことがある。
・耐震性の低い鉄筋コンクリート造の建物では、倒れるものが多くなる。

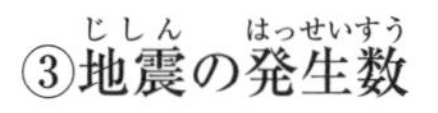

③地震の発生数

日本における過去５年間の地震（震度５弱以上）の回数は、右の表の通りです。

【日本の過去５年間の地震回数（震度５弱以上）】

最大震度	2019年	2020年	2021年	2022年	2023年	合計
7						0
6強	1		1	1	1	4
6弱	2			1		3
5強		1	5	6	2	14
5弱	6	8	4	7	5	30

出典：日本気象協会

④地震による災害

①火災

火災は地震に

よって発生する確率が極めて高い二次災害です。1995年に発生した阪神・淡路大震災では地震後の大規模火災により、多くの方が命を落としました。火災の原因は、主にガスや油を燃料とする器具、電気機器が挙げられます。

②津波

震源地が海底だった場合には、揺れの衝撃で普段よりも大きな波が発生することがあります。津波には2つのパターンがあります。1つ目は「潮が一気に引いて大きな波が来るパターン」です。2つ目は、「潮が引かずにいきなり大きな波が来るパターン」です。より深い場所で地震が発生した場合には1つ目のパターンとなり、スピードが早くて波の高さが低くなります。その逆に浅い場所で発生した場合には2つ目のパターンとなり、スピードは遅いのですが波は高くなります。

③建物の倒壊

古いビルや家屋が崩れ、人が生き埋めになったり、外壁や窓ガラスが割れて落下しけがをする可能性があります。

④地割れ

強い地震動によって、地表に割れ目が生じることです。不規則な亀裂で、埋立地などの軟弱な地盤や傾斜地に発生しやすいとされ、山地では落石や山崩れが発生する可能性もあります。また、場合によっては地形そのものが変わってしまうこともあります。

(2) 地震が発生したときの行動

①家の中にいるとき

・慌てて外に飛び出さない。

・家具の移動や落下物から身を守るため、テーブルや机の下などに隠れる。

・台所で火を使っている時は揺れが収まってから、あわてずに火を消す。

・揺れが収まったときにいつでも避難できるように、部屋の窓や戸、玄関のドアを開けて出口を確保する。

・揺れが収まっても、負傷しないよう、散乱したガラス・陶器の破片などに注意する。

・避難の際はブレーカーをOFFにする。

②エレベーターの中にいるとき

・すべての階のボタンを押し、止まった階ですぐに降りる。出られなくなったら「非常用呼び出しボタン」で連絡する。

③マンションやビルの中にいるとき

・エレベーターは使わず階段で移動する。階段が使えない場合は、避難はしごやロープでベランダから逃げる。

④商業施設にいるとき

・あわてて出口や階段に殺到しない。

・施設の係員や従業員などの指示に従う。

・従業員などから指示がない場合は、その場で頭を保護し、揺れに備えて安全な姿勢をとる。

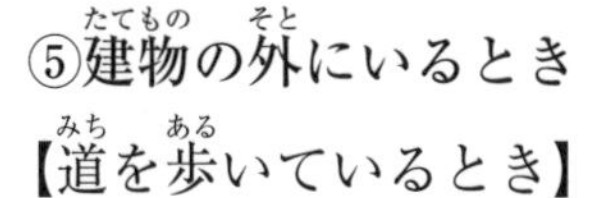

⑤建物の外にいるとき

【道を歩いているとき】

・かばんで頭を守る。

・ブロック塀などに近づかない。

・看板やガラス窓から離れる。

・橋や歩道橋の上にいる時は、手すりや柵をしっかり持って落ちないようにする。

【駅や電車にいるとき】

・落下物などから身を守り、ホームから転落しないよう近くの柱に移動する。

・混雑して身動きがとれないときは、うずくまって揺れが収まるのを待つ。

・強い揺れを感知すると電車は緊急停車するため、手すりや吊革にしっかりつかまる。

・座っていたらカバンなどで頭を保護し、立っている時は姿勢を低くして身を守る。

・揺れが収まったら、乗務員や駅員の指示に従う。

【繁華街にいるとき】

・落下物から身を守り、ビルの倒壊にも注意しながら、公園などの安全な場所へ避難する。

・広い所に逃げる余裕がない場合は、比較的新しい鉄筋コンクリートのビルに逃げ込む。

⑥車を運転しているとき

・あわてて急ハンドルや急ブレーキをかけず緩やかに速度を落とす。
・ハザードランプを点灯して周りの車に注意を促し、道路の左側に停止する。
・避難する際は、緊急車両通行時に車を移動できるようにキーは付けたままドアロックをしない。
・連絡先メモを残し、貴重品や車検証を持って車から離れる。

(4) 地震への備え

①家具などの転倒防止のための対策

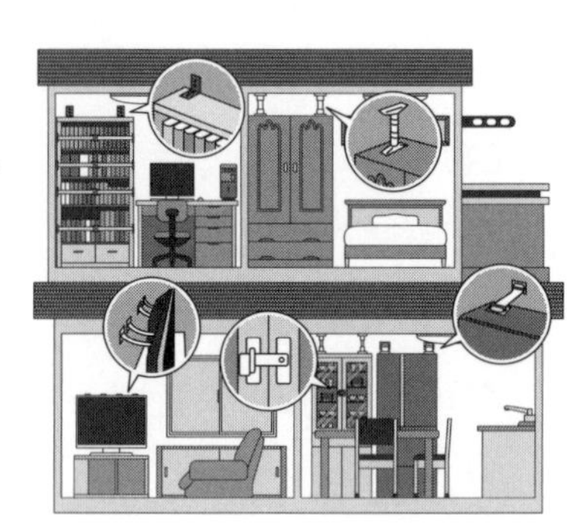

・家具が転倒しないよう、家具は壁に固定しましょう。
・寝室や子ども部屋には、できるだけ家具を置かないようにしましょう。置く場合も、なるべく背の低い家具にするとともに、倒れた時に出入り口をふさいだりしないよう、家具の向きや配置を工夫しましょう。
・懐中電灯やスリッパを備えておきましょう。

②非常品持ち出しバッグの準備

自宅が被災したときは、安全な場所に避難し、そこで避難生活を送ることになります。避難所生活に必要なもの（非常用持ち出し品）をリュックサックなどに詰めておき、非常用持ち出しバッグとしていつでもすぐに持ち出せるように備えておきましょう。

項目	内容
飲料水、食料品	水、カップめん、缶詰、ビスケット、チョコレートなど
貴重品	預金通帳、印鑑、パスポート、在留カード、現金、健康保険証など
救急用品	ばんそうこう、包帯、消毒液、いつも飲んでいる薬など

項目	内容
身を守るもの	ヘルメット、防災ずきん、懐中電灯、マスク、軍手
情報を得るためのもの	携帯ラジオ、予備電池、携帯電話の充電器
生活必要品	衣類、下着、タオルなど
その他	歯ブラシ、トイレットペーパー、使い捨てカイロ、ウエットティッシュ、携帯トイレ、多機能ナイフ、ライターなど
女性	生理用品、防犯ブザー、くし、鏡、化粧品、髪をとめるゴム
赤ちゃんがいる人	粉ミルク、哺乳びん、離乳食、紙おむつ、タオル、母子手帳、抱っこひも、おしりふき、母子手帳のコピー

③避難生活のための準備

大災害が発生したときには、電気やガス、水道、通信などのライフラインが止まってしまう可能性があります。ライフラインが止まっても自力で生活できるよう、普段から飲料水や非常食などを備蓄しておくことが大事です。飲料水や食料については、最低３日分の備蓄を行うようにしましょう。

また、飲料水とは別にトイレを流したりするための生活用水も必要です。日頃から、水道水を入れたポリタンクを用意する、お風呂の水をいつも張っておく、などの備えをしておきましょう。

項目	内容
飲料水	３日分（１人１日３リットルが目安）
非常食	３日分の食料として、ご飯（アルファ米など）、ビスケット、板チョコ、乾パンなど
情報を得るためのもの	手動発電ライト、ラジオ
その他	トイレットペーパー、ティッシュペーパー、マッチ、ろうそく・カセットコンロ、バケツ、給水袋　など

④災害時の連絡方法

災害時は電話回線がつながりにくくなるため、連絡がとれない場合があります。安否確認には、「災害用伝言ダイヤル（171）」、携帯電話のインターネットサービスを利用した「災害用伝言板」などのサービスを利用しましょう。

【災害用伝言ダイヤル（117）の使い方】

公衆電話、固定電話、携帯電話から音声で伝言を録音・確認する場合

メッセージを録音する

①171をダイヤル
②「1」（録音）を選ぶ
③自分の電話番号を入力する
④メッセージを録音する（30秒以内）

メッセージを確認する

①171をダイヤル
②「2」（再生）を選ぶ
③確認したい人の電話番号を入力する
④再生する

【災害用伝言板（web171）】

携帯電話やパソコンから文字情報で伝言・確認する場合

※海外からでも確認が可能です。あらかじめ使い方を母国の両親などに説明しておきましょう。

メッセージを録音する

①災害用伝言版にアクセス
②自分の電話番号を「-」なしで入力
③登録ボタンを押す
④自分の名前をひらがなで入力する
⑤安否（状態を選択する）
☑ 無事です　☑ 被害があります
☑ 自宅にいます　☑ 避難所にいます
⑥メッセージを登録する（最大100文字）
⑦登録ボタンを押す

メッセージを確認する

① web171.jp（災害用伝言版）にアクセス
②確認したい人の電話番号を「-」なしで入力
③安否の内容と伝言を確認する
④確認後にメッセージを登録する（最大100文字）ことも可能
⑤登録ボタンを押す

※確認したがメッセージがない場合は、②のあとにメールアドレスを入力して、「通知を希望する」のボタンを押すと、伝言の登録があった際に通知をメールで受け取ることができます。

※携帯キャリアなどの携帯各社の伝言板に登録されている伝言も確認できます。

⑤避難経路、避難場所の確認

いざ災害が起きた時にあわてずに避難するためにも、住んでいる自治体のホームページや国土交通省ハザードマップポータルサイトなどから防災マップやハザードマップを入手し、避難場所、避難経路を事前に確認しておきましょう。

国土交通省ハザードマップポータルサイト

（5）津波警報

気象庁は、地震が発生した時には地震の規模や位置をすぐに推定し、これらをもとに沿岸で予想される津波の高さを求め、地震が発生してから約３分を目標に、大津波警報、津波警報または津波注意報を発表します。津波警報が発令された場合には、テレビやラジオ、インターネットなどのほか、防災行政無線や広報車などで伝達されます。

①津波警報の種類

予想される津波の高さは、通常は５段階の数値で発表します。ただし、地震の規模（マグニチュード）が8を超えるような巨大地震に対しては、精度のよい地震の規模をすぐに求めることができないため、最初に発表する大津波警報や津波警報では、予想される津波の高さを「巨大」や「高い」という言葉で発表して、非常事態であることを伝えます。

【津波警報・注意報の種類】

種類	発表基準	発表される津波の高さ		想定される被害と取るべき行動
		数値での発表（津波の高さ予想の区分）	巨大地震の場合の発表	
大津波警報	予想される津波の高さが高いところで３mを超える場合。	10m超（10m＜予想高さ）	巨大	木造家屋が全壊・流失し、人は津波による流れに巻き込まれます。 沿岸部や川沿いにいる人は、ただちに高台や避難ビルなど安全な場所へ避難してください。
		10m（５m＜予想高さ≦10m）		
		５m（３m＜予想高さ≦５m）		

種類	発表基準	発表される津波の高さ		想定される被害と取るべき行動
		数値での発表（津波の高さ予想の区分）	巨大地震の場合の発表	
津波警報	予想される津波の高さが高いところで1mを超え、3m以下の場合。	3m（1m＜予想高さ≦3m）	高い	標高の低いところでは津波が襲い、浸水被害が発生します。人は津波による流れに巻き込まれます。沿岸部や川沿いにいる人は、ただちに高台や避難ビルなど安全な場所へ避難してください。
津波注意報	予想される津波の高さが高いところで0.2m以上、1m以下の場合であって、津波による災害のおそれがある場合。	1m（0.2m≦予想高さ≦1m）		海の中では人は速い流れに巻き込まれ、また、養殖いかだが流失し小型船舶が転覆します。海の中にいる人はただちに海から上がって、海岸から離れてください。

気象庁「津波警報・注意報、津波情報、津波予報について」より

②津波の時にとる行動

強い揺れや弱くても長い揺れを感じたら、また地震を体で感じなくても、「津波警報」などを見聞きしたら、いち早く海岸から離れ、可能な限り高い場所へ避難してください。

・海水浴などで海岸付近にいる人は、「津波注意報」でも避難が必要です。海岸から離れるなど、すぐに避難を開始してください。

・避難をする時は、近くの高台や津波避難タワー、津波避難ビルなど避難場所のマークのある場所に向かってください。

・津波警報・注意報が解除され安全が確認されるまでは決して被災地域には立ち入らないでください。

・津波の災害から身を守るためには、日頃から津波に関する情報を収集したり、津波ハザードマップなどで家の周りの安全な避難場所を確認しておくことが必要です。

3 火山

日本列島には数多くの火山があります。これらは時々噴火を起こし、災害をもたらします。噴火を起こす可能性のある火山を「活火山」と呼び、約１万年以内に噴火したことのある火山と、活発な噴気活動がみられる火山を指しています。世界には活火山が約1,500あるといわれており、現在、日本には111の活火山があります。

一方で火山は、多くの自然の恵みをもたらします。火山の熱によって生まれる温泉や火山の熱水や蒸気をつかって電気を起こす「地熱発電」があります。また、隙間の多い火山体内部には多くの水が蓄えられ、湧水や地下水を生活用水としてだけでなく農業や工業などの生産活動にも利用されています。また、金、銀、銅、亜鉛、スズなどの鉱物資源も地球の内部から運ばれてきます。

（1）日本の火山

日本にある111の活火山の中には、現在でも頻繁に噴火を起こして火口に近づけないような火山から、長い間、静穏状態を保っている火山まで含まれています。

（2）火山災害に対する備え

火山は、事前に噴火を予測できる場合がある一方で、噴火すると、噴石・火砕流・泥流などが短時間で火口周辺や居住地域まで到達する可能性があります。最新の火山災害に関する情報を事前に確認し、いざというときに備えましょう。

【事前準備】

①火山防災マップを見て、噴火警戒レベルに対応する危険な場所を確認しておきましょう。

②あらかじめ、避難場所や避難経路を確認しておきましょう。

③気象庁が発表する噴火警報・噴火警戒レベルなどに留意しましょう。

④噴火の恐れがある場合には、「警戒が必要な範囲」から事前の避難が必要です。地元の市区町村の指示があった場合には、それに従いましょう。

※火山防災マップとは対象の火山が噴火したときに溶岩や火砕流などの被害などの影響が出る地域を予測し、危険な範囲をわかりやすくした地図。

【噴火警戒レベル】

噴火警戒レベルは、火山活動の状況に応じて「警戒が必要な範囲」と「とるべき防災対応」を５段階に区分して発表する指標です。

予報	警報		特別警報	
噴火予報	噴火警報（火口周辺）		噴火警報（居住地域）	
レベル1 活火山であることに留意	レベル2 火口周辺規制	レベル3 入山規制	レベル4 高齢者など避難	レベル5 避難

（３）噴火した場合の対処方法

①頑丈な建物の中へ避難

・近くにあるコンクリート製などの頑丈な建物の中に入る

②噴石や火山灰を体内に入れないようにする

・ぜんそくなどの呼吸器疾患のある方は特に注意し、噴火中は外出を控える。

・外出する際にはマスクやゴーグル、またはタオルなどで鼻や口を覆う

・コンタクトレンズを着用している人は外しておく

・外出先から帰宅した際には、衣服をよく払い、手洗いやうがい、洗髪などで火山灰を取り除き、室内へ火山灰を持ち込まない

③気象庁・自治体の発表する情報を収集する

・噴火の際は、気象庁や自治体から火山活動や避難に関する情報が発表される。

・噴火警報レベルに合わせて避難をする

4 消防署・消防団

（１）消防署

消防署は、消防（消火・火災予防・救急・救助）を行う機関であり、各市町村に設置されている消防本部の実働部隊となります。2023年４月１日現在では、全国に722消防本部、1,714消防署が設置されています。（消防庁「令和５年版 消防白書」

より）

【消防署の役割】

①消火活動

火災の通報を受けて、現場に出動し、火災現場からの出火をくい止めると同時に、現場や近隣などからの人命救助を行います。また、延焼を最小限に抑えるため、出火状況や風向きなどを素早く把握し行動に移します。

②救急活動

病気やケガ、事故の通報を受けて、急病人や交通事故や一般の事故などによってケガを負った人に対して応急手当てをして、医療機関に搬送します。応急手当は高度な処置と的確な判断が必要となるため、特別な資格をもつ救急救命士が同乗し処置にあたります。

③救助活動

災害現場などで人命を救助する任務です。火事、交通事故、山の崩落地、河川がおもな活動現場となります。火災現場では逃げ遅れた人を救助し、交通事故の現場では車にはさまれたり閉じ込められたりした人を助け出します。現場到着と同時に速やかに救出活動を行い、関係機関と連携して人命救助にあたります。

④防災活動

火災が起きないように、啓蒙活動を行います。万一の事態に備えて、地域住民の防災に対する意識を高めると同時に、基本的な行動や避難路を知ってもらうため、町会・自治会や小学校などで、防災訓練や救助などの訓練・指導を行います。

（2）消防団

消防団は、市町村の非常備の消防機関であり、その構成員である消防団員は、他に本業を持ちながらも、非常勤特別職の地方公務員として、「自らの地域は自らで守る」という郷土愛護の精神に基づき、消防防災活動を行っています。2023年４月１日現在、全国の消防団数は2,177団、消防団員数は76万2,670人であり、消防団はすべての市区町村に設置されています。（消防庁「令和５年版 消防白書」より）

5 自衛隊

自衛隊の主な仕事は、日本の平和と独立を守り、日本に対する侵略を未然に防止するとともに、万一侵略を受けた場合にこれを排除することです。また、自治体や警察・消防などの能力では対応しきれない場合において自衛隊を派遣し、救助活動や予防活動などの救援活動を行います。さらに、国際平和協力活動として、現在までに国際連合平和維持活動への協力をはじめとする国際平和協力業務、海外の大規模な災害に対応する国際緊急援助活動も行っています。

自衛隊は、「陸上自衛隊」・「海上自衛隊」・「航空自衛隊」の３つの組織で構成されています。

①陸上自衛隊

陸上自衛隊は、日本の平和と安全を保つため、日本に対する外国の侵略を未然に防止するとともに、万一侵略があった場合に対処することを中心的な役割としています。

さらに、「大規模災害など各種の事態への対応」や「国連平和維持活動参加」など、さまざまな分野で任務を果たしています。

②海上自衛隊

海上自衛隊は、海上からの侵略に対し国土を防衛するとともに、周辺海域での海上交通の安全を確保することを主な任務としています。また、災害時の物資の補給や艦船を利用した電源供給、国連平和維持活動でも燃料や人員の輸送などに活躍しています。

③航空自衛隊

航空自衛隊は、航空攻撃に即応して国土からできる限り遠方の空域で迎え撃ち、航空攻撃が継続できないようにして、国民と国土の被害を未然に防ぐことを主な任務としています。また、災害発生時における捜索、救助などのほか、国際平和協力業務及び国際緊急援助活動時における航空機による人員や物資の輸送などを行っています。

3 交通ルール

1 歩行者・自転車・自動車

道路は、多数の人や車が通行するところです。運転者や歩行者が一人でも自分勝手に通行すると、交通が混乱したり、交通事故が起きたりします。また、自分だけはよくても、ほかの人に迷惑を掛けたりすることがあります。交通ルールは、このようなことから、みんなが道路を安全、円滑に通行する上で守るべき共通の約束事として決められているものです。

2023年中の日本全国の交通事故死者数は、2,610人※です。交通ルールは国によって違いますが、日本で生活するためには母国と日本の交通ルールの違いを知り、ルールを守ることが必要です。

※内閣府「令和５年版 交通安全白書」より

（1）歩行者・自転車・自動車のルール

①歩行者のルール

【歩行者は右側通行】

・歩道や幅の十分な路側帯※がある道路では、そこを歩く。

※路側帯：歩道のない道路の端に設けられた白い線の内側部分

・歩道も幅の十分な路側帯もない道路では、道路の右側を歩く。

・見とおしの悪いところでは、いったん立ち止まって安全を確認する。

・飛び出しは、絶対にしない。

【道路の横断】

・横断歩道や信号機のある交差点を渡る。

・近くに横断歩道橋や横断用地下道のある所では、それを利用する。

・信号機のある場所では、信号機の色が青になったのを確かめて、右、左、右と安全を確認してから、横断を始める。

・横断中も、車両の動きなど周囲の状況に注意する。

・右図の「歩行者横断禁止」標識のある場所では、横断しない

・近くに信号機・横断歩道がないところでは、左右の見とおしの良い場所を選んで、車両の来ないことを確かめ、直角に横断する。

・黄色や歩行者用信号の青点滅は、横断を始めてはいけない。

【踏切の横断】

・踏切の手前では、必ず立ち止まり右と左の安全を確かめる。

・警報機が鳴ったり、遮断機が降り始めてからは、踏切に入らない。

【夜間の注意点】

・雨の日などは、視界が悪く、また、自動車の停止距離も長くなり危険なので、無理な横断や飛び出しを絶対しない。

・夜間は、運転者から見やすいように明るい目立つ色の服装に心がけ、反射材を身につける。

②自転車のルール

【自転車は自動車と同じ左側通行】

・車道を走るときは、自転車は、車道の左側に寄って通行しなければなりません。右側通行は禁止されています。

・自転車は路側帯を通行することができます。ただし、歩行者の通行の妨げになるところや白の二本線の路側帯は通行してはいけません。

・自転車は自動車と同じ車両扱いとなるので、歩道と車道の区別があるところでは車道を通行するのが原則です。

【例外】
・歩道に「自転車及び歩行者専用」の標識があるとき。
・13歳未満の子どもや70歳以上の高齢者や身体の不自由な人が自転車を運転しているとき。
・道路工事や連続した駐車車両などのためやむを得ないと認められるとき。
・自動車などの交通量が多く、かつ、車道の幅が狭いなどのため、接触事故の危険がある場合

※罰則：３か月以下の懲役または５万円以下の罰金

【交差点の横断】
・信号機のある交差点では、信号機に従います。

※罰則：３か月以下の懲役または５万円以下の罰金など

・信号機のない交差点では、一時停止の標識がある所では、一時停止をして安全を確かめてから通行します。一時停止標識のない所では、交通量の少ないところでも飛び出さないで、安全を確かめ徐行して通行します。
・交差点を左折するときは、後方の安全を確かめ、道路の左端に沿って十分に速度を落とし、横断中の歩行者の通行を妨害しないよう注意して曲がる。
・交差点を右折するときは、信号機のある交差点では、交差点の向こうまでまっすぐ進み、その地点で止まり、右に向きを変え前方の信号が青になったら進む。信号機のない交差点では、後方の安全を確かめ、道路の左端を向こう側までまっすぐ進み、十分速度を落として曲がる。

※罰則：３か月以下の懲役または５万円以下の罰金など

【自転車の禁止事項】
・二人乗りすること。

※罰則：２万円以下の罰金または科料

・２台以上で並んで走ること。

※罰則：２万円以下の罰金または科料

・お酒を飲んで乗ること。

※罰則：５年以下の懲役または100万円以下の罰金

・夜間にライトを付けずに自転車に乗ること。

※罰則：５万円以下の罰金

・傘を差しながらの運転や物を手に持ちながら運転すること。

※罰則：３か月以下の懲役または５万円以下の罰金

・携帯電話で通話しながらの運転、画像を注視しながら運転すること。

※罰則：５万円以下の罰金

交通の危険を生じさせるおそれのある一定の違反行為（危険行為）を繰り返す自転車運転者に対して、「自転車運転者講習」の受講が義務づけられました。違反行為を３年以内に２回以上検挙された場合には、自転車運転者講習の受講が命じられます。命令を無視し、自転車運転者講習を受けなかった場合は、５万円以下の罰金が科されます。

③自動車のルール

・交通違反や交通事故を起こした場合、一定の点数が付きます。過去３年間の合計点数に応じて、運転免許の停止や取消しなどの処分を受けることがあります。
・自動車を運転するには、自動車運転免許証を取得しなくてはなりません。
・道路の左側を通行してください。
・最高速度を守って運転してください。

※罰則：一般道路で時速30㎞超過速度の場合10万円以下の罰金、または６か月以下の懲役

・違反行為や交通事故を起こしたりした際に警察官から提示を求められた場合には、運転免許証を提示してください。
・歩行者や自転車のそばを通るときは、安全な間隔を開けたり、徐行したりしなければなりません。
・お酒を飲んだら、絶対に自動車を運転してはいけません。

※罰則：最大５年以下の懲役または100万円以下の罰金

・お酒を飲んだ人に自動車を貸すこと、自動車を運転する人にお酒を勧めること、お酒を飲んだ人に運転を頼むこともしてはいけません。

※罰則：最大５年以下の懲役または100万円以下の罰金

・自動車を運転するときは、シートベルトを着用しなければなりません。また、同乗者もシートベルトを着用してください。
・６歳未満の子どもは、チャイルドシートを使用しなければなりません。

・自動車を運転するときは、携帯電話の使用は禁止です。

※罰則：［保持］６月以下の懲役または10万円以下の罰金

［交通の危険］１年以下の懲役または30万円以下の罰金

（2）自動車運転免許証の切り替え

日本で自動車を運転するためには、日本国内で有効な自動車運転免許証を持っていることが必要です。海外で運転免許証を取得している人は、一定の要件を満たして入れば、日本の運転免許証に切り替えができます。

■外国の運転免許証を持っていない場合など

日本の運転免許試験（適性・学科・技能）に合格し、免許証を取得する必要があります。

日本人と同じように自動車学校か教習所に通うのが一般的です。

■外国の自動車運転免許証を持っている場合

申請の条件を満たし、書類審査、日本の運転免許試験（適性）、確認（知識・技能）に支障がなければ免許証が交付されます

①海外の運転免許証の切り替えが可能な対象者

下記２点の条件を両方とも満たしている人は、切り替えを行うことができます。

・外国免許証が有効であること。

・外国で免許証を取得後、免許証発給国に滞在した期間が通算して３か月（90日）以上あることが証明できること。

②切り替えの手続き

各自治体の運転免許試験場にて切り替え手続きを行います。

書類審査、適性検査、知識確認、技能確認に問題がなければ切り替えができます。知識確認、技能確認については、免除される国があります。

【知識確認、技能確認が免除される国】

アイスランド、アイルランド、アメリカ合衆国（オハイオ州、オレゴン州、コロラド州、バージニア州、ハワイ州、メリーランド州、ワシントン州及びインディアナ州に限る。但し、インディアナ州については技能確認のみ免除。）、イギリス、イタリア、オーストラリア、オーストリア、オランダ、カナダ、韓国、ギリシャ、スイス、スウェーデン、スペイン、スロベニア、チェコ、デンマーク、ドイツ、

ニュージーランド、ノルウェー、ハンガリー、フィンランド、フランス、ベルギー、ポーランド、ポルトガル、モナコ、ルクセンブルク、台湾

【切り替えに必要な書類】

必要な書類	注意事項
外国の有効な運転免許証	外国免許取得（交付）後、免許発給国に滞在した期間が通算して３か月（90日）以上あることが証明できること。
パスポート	
外国免許証の日本語翻訳文	日本語翻訳文は、下記の機関が作成したものに限ります。在日大使館、領事館または日本自動車連盟、ドイツ自動車連盟、ジップラス株式会社
住民票の写し、特別永住者証明書など	国籍が記載されていて、６か月以内に市区町村から発行されたもの
在留カード	
申請用写真　１枚	タテ3.0cm ×ヨコ2.4cm センチメートル 申請前６か月以内に撮影され無帽、正面、無背景で、胸から上が写っているもの
国外（際）運転免許証	発給を受けている方のみ

③国際免許証

日本政府は道路交通に関する条約（ジュネーブ交通条約）を締結しており、同条約の締結国政府が発行した国際免許証を持っている人は、日本で運転資格を持つことができます。

【ジュネーブ条約締約国等一覧】

ジュネーブ条約締約国	アイスランド	クロアチア	ドミニカ共和国	ベルギー※
	アイルランド	コートジボワール※	トリニダード・トバゴ	ボツワナ※
	アメリカ合衆国	コンゴ	トルコ	ポーランド
	アラブ首長国連邦	コンゴ民主共和国※	ナイジェリア	ポルトガル
	アルジェリア※	サンマリノ	ナミビア	マダガスカル
	アルゼンチン	シエラレオネ	ニジェール	マラウイ
	アルバニア※	ジャマイカ	日本	マリ
	イスラエル	ジョージア※	ニュージーランド	マルタ
	イタリア	シリア	ノルウェー	マレーシア
	インド	シンガポール	ハイチ※	南アフリカ
	ウガンダ	ジンバブエ	バチカン	モナコ※
	英国	スウェーデン	パプアニューギニア	モロッコ
	エクアドル	スペイン	パラグアイ	モンテネグロ※
	エジプト	スリランカ	バルバドス	ヨルダン
	エストニア共和国	スロバキア	ハンガリー	ラオス人民共和国
	オーストラリア	スロベニア	バングラデシュ	リトアニア
	オーストリア	セネガル	フィジー	リヒテンシュタイン
	オランダ	セルビア※	フィリピン	ルクセンブルク
	ガーナ	タイ	フィンランド	ルーマニア
	カナダ	大韓民国	フランス※	ルワンダ※
	カンボジア	チェコ共和国	ブルガリア※	レソト
	キプロス	中央アフリカ共和国	ブルキナファソ	レバノン
	キューバ	チュニジア	ブルネイ	ロシア連邦※
	ギリシャ	チリ	ベナン	
	キルギス※	デンマーク	ベネズエラ	
	グアテマラ	トーゴ	ペルー	

特別行政区等	アメリカ合衆国の海外領土（グアム、プエルトリコなど）	キュラソー島	ジャージー	香港
	アルバ	ケイマン諸島	シント・マールテン	マカオ
	ガーンジー	ジブラルタル	フランスの海外領土（フランス領ポリネシアなど）	マン島

警視庁 HP「ジュネーブ条約締約国等一覧　2023年４月14日現在」より作成

■ジュネーブ交通条約締結国の例外

前ページの表の※の国は、ジュネーブ様式の国際運転免許証を発給していないため、日本国内では当該国の国際運転免許証で運転することができません。

前ページの表の※の国のうち、フランス・ベルギー・モナコのいずれかの国で発行された運転免許証を持っている人は、その免許証の日本語翻訳文を携帯することにより、日本の法令に則って日本国内で自動車などを運転することができます。

【注意点】

・運転できる期間は日本に上陸した日から１年間、または当該免許証の有効期間のどちらかの短い期間

・外国運転免許証と日本語翻訳文を合わせて必ず携帯する

（３）交通事故時の対応

加害者もしくは被害者として交通事故にあってしまった場合、どうすればいいのかを普段からしっかりと覚えていけば、それほど慌てずに対応できます。交通事故は、最初の対応が重要となります。

①人命救助

交通事故に遭った場合、速やかに車を安全な場所に停車させます。そして最初に行うことは事故によって怪我を負った人の人命救助です。また歩行者など、事故に巻き込まれた人がいないかどうかを確認し、救助が必要であればすぐに救急車を呼び、人命の救助を最優先しましょう。救急車が来るまでは、負傷者を不必要に動か

さず、オペレーターの指示に従い、止血などできる範囲の救護措置をしてください。

②警察に連絡する

どんなに小さな事故であっても、警察へ連絡しなかった場合、道路交通法により「３か月以下の懲役または５万円以下の罰金」を科せられる可能性があります。加害者が警察を呼ぼうとしていなければ、被害者から連絡をしてください。

警察官が来るまで、事故現場から立ち去ってはいけません。警察官が到着したら、事故の状況を報告し、現場の確認をしてもらいます。

③現場の保存

交通の妨げにならないように、事故車両は道路の路肩などに移動させましょう。道路から事故車両を撤去した後は、事故を起こした相手の身元を確認します。運転免許証や勤めている会社の名刺など、相手の住所や身分をわかるものを出してもらい、名刺はもらって運転免許証は名前や住所、または免許番号などの情報はメモしておきましょう。

④加入している保険会社に電話する

自分が自動車を運転していた際の事故の場合は、加入している保険会社に電話しましょう。交通事故は保険会社を通してのやり取りになります。なるべく早めに伝えて対処してもらうことで、事故の対応手続きがスムーズに進みやすくなります。

⑤病院に行く

事故発生時には、けがをしていない、軽傷などと思っていても、後に重いけががであったことが分かる場合があります。速やかに医師の診断を受けておきましょう。

（4）緊急時の電話

①消防署（救急車）への連絡の仕方

消防署（救急車）への電話は「119」に連絡し、以下の内容について伝えるようにしましょう。

・交通事故でけが人がいること

・場所（○○市○○町○○の前です）

※場所がわからない場合は、電柱・信号機管理番号・自動販売機の住所表示を確認

・どのような事故状況か

・負傷者の数とけがの状況

・通報者の氏名と電話番号

②警察への連絡の仕方

警察への電話は「110」に連絡し、以下の内容について伝えるようにしましょう。

・交通事故であること

・いつ（何分前）

・場所（○○市○○町○○の前です）

※場所がわからない場合は、電柱・信号機管理番号・自動販売機の住所表示を確認する

・どのような事故状況か

・通報者の氏名と電話番号

2 交通標識

日本では、道路上の安全と円滑のために道路標識が設置されています。日本における道路標識は本標識（案内標識、警戒標識、規制標識、指示標識）と、その本標識に付属する役割を持つ補助標識に区別されています。

（1）案内標識

案内標識とは、道路利用者に目的地あるいは通過地への方向・距離などの情報を提供し、正しい道路交通を確保するために欠くことのできない標識です。

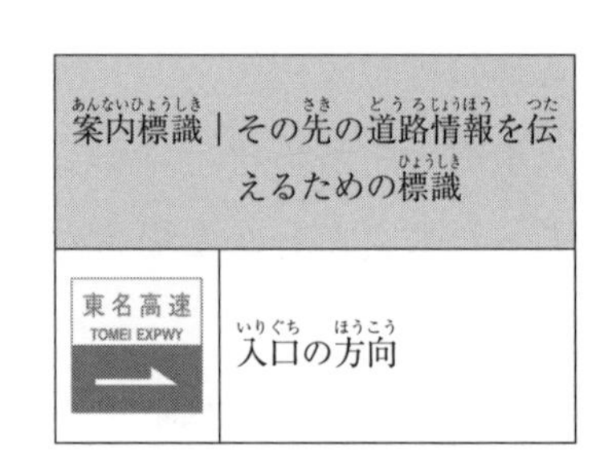

（2）警戒標識

道路及び沿道には運転上注意する箇所があります。これらを運転者に予告し、必要な減速と注意深い運転を要求する標識が警戒標識です。

警戒標識(けいかいひょうしき)	注意(ちゅうい)を促(うなが)すための標識(ひょうしき)
	右(みぎ)（または左(ひだり)）つづら折(お)りあり
	踏切(ふみきり)あり
	学校(がっこう)、幼稚園(ようちえん)、保育園(ほいくえん)などあり
	信号機(しんごうき)あり

10%	下(くだ)り急勾配(きゅうこうばい)あり
10%	上(のぼ)り急勾配(きゅうこうばい)あり
	落石(らくせき)のおそれあり
	車線数減少(しゃせんすうげんしょう)
	幅員(ふくいん)（道(みち)の幅(はば)）減少(げんしょう)

	二方向交通(にほうこうこうつう)
	道路工事中(どうろこうじちゅう)
	横風注意(よこかぜちゅうい)
	動物(どうぶつ)が飛(と)び出(だ)すおそれあり
	その他(た)の危険(きけん)

（3）規制標識(きせいひょうしき)

車両(しゃりょう)や歩行者(ほこうしゃ)に対(たい)して、通行(つうこう)の禁止(きんし)、制限(せいげん)などの規制(きせい)を行(おこな)う標識(ひょうしき)です。

規制標識(きせいひょうしき)	禁止行為(きんしこうい)を伝(つた)えるための標識(ひょうしき)
通行止	通行止(つうこうど)め
	車両通行止(しゃりょうつうこうど)め
	車両進入禁止(しゃりょうしんにゅうきんし)
	二輪(にりん)の自動車以外(じどうしゃいがい)の自動車通行止(じどうしゃつうこうど)め
	二輪(にりん)の自動車(じどうしゃ)・原動機付自転車通行止(げんどうきつきじてんしゃつうこうど)め

	自転車以外(じてんしゃいがい)の軽車両通行止(けいしゃりょうつうこうど)め
	自転車通行止(じてんしゃつうこうど)め
	車両通行止(しゃりょうつうこうど)め
	大型自動二輪車及(おおがたじどうにりんしゃおよ)び普通自動二輪車二人乗(ふつうじどうにりんしゃふたりの)り通行禁止(つうこうきんし)
	指定方向外進行禁止(していほうこうがいしんこうきんし)
	車両横断禁止(しゃりょうおうだんきんし)

	転回禁止(てんかいきんし)
	追越(おいこ)しのための右側部(みぎがわぶ)分(ぶん)はみ出(だ)し通行禁止(つうこうきんし)
8-20	駐停車禁止(ちゅうていしゃきんし)
8-20	駐車禁止(ちゅうしゃきんし)
8-20 P 60分	時間制限駐車区間(じかんせいげんちゅうしゃくかん)
50	最高速度(さいこうそくど)

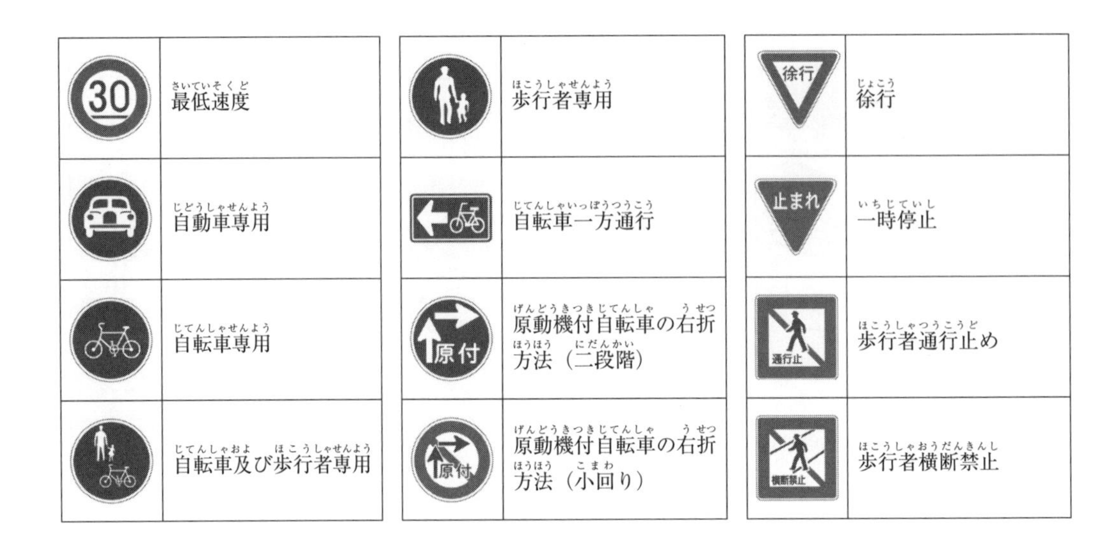

30
最低速度
自動車専用
自転車専用
自転車及び歩行者専用
歩行者専用
自転車一方通行
原付
原動機付自転車の右折方法（二段階）
原付
原動機付自転車の右折方法（小回り）
徐行
徐行
止まれ
一時停止
通行止
歩行者通行止め
横断禁止
歩行者横断禁止

（4）指示標識

指示標識は、交通に関して必要な地点の指示を行う標識です。

指示標識｜その道路の交通法を伝えるための標識
並進可
軌道敷内通行可
P
駐車可
停
停車可
横断歩道
自転車横断帯
横断歩道・自転車横断帯
安全地帯

（5）補助標識

補助標識は、設置した標識に対しての理由（車両種類・時間・区間など）の表示を補助的に行います。

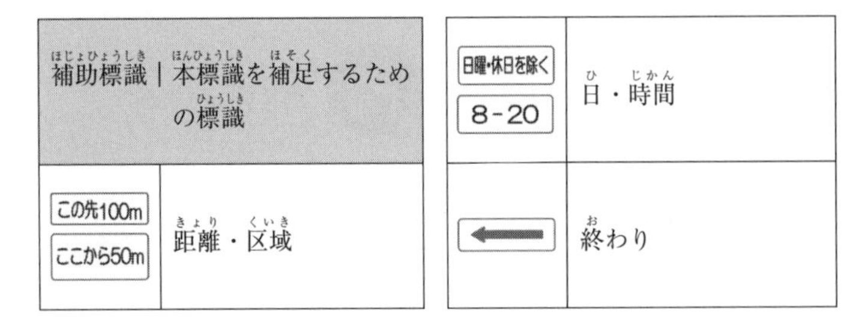

補助標識｜本標識を補足するための標識
この先100m
ここから50m
距離・区域
日曜・休日を除く
8-20
日・時間
終わり

3 交通マナー

①ハザードランプ（非常点滅表示灯）

夜間、幅5.5m以上の道に停車または駐車している場合に点滅させます。これ以外に、法律で決められていることではありませんが、道を譲ってもらった時などにハザードランプを２、３回点滅させることもあります。

②パッシングでの意思表示

パッシングとは、走行中にハイビームを数回点滅させることです。交差点の直進車線で前方が渋滞しており、対向車線の右折車に道を譲るときは、停車して「お先にどうぞ」の意味でパッシングを行うこともあります。

③駐車場

日本の駐車場では、区切られているスペースからはみ出さないことが最低限のマナーです。バックで駐車をするときには、他のドライバーに駐車の意思を伝えるため、駐車スペースの少し手前から、駐車が終わるまでハザードランプを点滅させます。

④高速道路

日本では、高速道路の本線に合流する場合は、本線の車とランプウェイの車で１台ずつ交互に合流します。譲ってもらったときは、ハザードランプを点滅させて後続車に感謝の気持ちを伝えましょう。

⑤渋滞

日本の高速道路では、渋滞の最後尾に近づいたら、スピードを落としながらハザードランプを点滅させて、後続車に「この先が渋滞している」ことを知らせる合図をしましょう。

索引

こ

さ

し

す

せ

そ

た

ち

つ

て

と

な

に

ね

の

は

ひ

ふ

へ

ほ

ま

み

む

め

も

や

ゆ

よ

ら

り

る

れ

ろ

わ

【著者紹介】

久保田 学　Manabu Kubota

一般社団法人留学生支援ネットワーク 事務局長

経済産業省と文部科学省が実施した「アジア人財資金構想」に従事し、その後も政府の留学生就職支援政策事業に多数携わる。2013年に一般社団法人留学生支援ネットワークを設立し、日本企業の外国人雇用、外国人留学生の就職、教育機関等を支援する取り組みを全国規模で実施している。

留学生の就職支援については、全国の大学、専門学校、日本語学校の教育機関において、就職ガイダンスや支援講座を年間150件以上行う。また、大学における留学生の出口戦略のコンサルティングや留学生向けのキャリア科目の講師も務める。

日本知識力検定 公式テキスト（上）

2024年７月10日　初版　第１刷発行

著　者　　久保田 学
発行者　　牧野 常夫
発行所　　一般財団法人 全日本情報学習振興協会
〒101-0061　東京都千代田区神田三崎町 3-7-12
清話会ビル 5F
TEL：03-5276-6665
販売元　　株式会社 マイナビ出版
〒101-0003　東京都千代田区一ツ橋 2-6-3
一ツ橋ビル 2F
TEL：0480-38-6872（注文専用ダイヤル）
03-3556-2731（販売部）
URL：http：//book.mynavi.jp
DTP･印刷･製本　日本ハイコム株式会社

※乱丁・落丁のお問い合わせ
TEL：0480-38-6872（注文専用ダイヤル）
電子メール：sas@mynavi.jp
※定価はカバーに表示してあります。

ISBNコード　978-4-8399-8683-4　C2034
Printed in Japan